以强企之行,
　　实现强国之梦

杨思卓

- 中国领导力理论领军人物、中商国际管理研究院院长、韩国国立仁川大学数字经济学院院长。著有《中国管理顾问手册》《缔造冠军企业》《领导力3.0》《进入成人世界的9个密码》等18部专著。他以第三代领导力学术与实践的杰出成果,走上哈佛大学讲坛,成为中国管理走向世界的代表。

- 杨思卓经历了公务员、企业家、学者、顾问、慈善家的五重蝶变,成为一代企业家导师,18年来助力三一重工董事长梁稳根、比亚迪董事长王传福、新明珠董事长叶德林、TCL前总裁薄连明、柔宇科技董事长刘自鸿等数十位商界领袖成功,被誉为"黑钻"式传奇人物。他创立的"九段私董会",成为冠军企业的摇篮;他发起的"书香中国万里行",成为智慧公益的典范。

1分钟
领导智慧

杨思卓 —————— 著

北京联合出版公司

图书在版编目（CIP）数据

1分钟领导智慧 / 杨思卓著. —北京：北京联合出版公司, 2020.9

ISBN 978-7-5596-4230-1

Ⅰ.①1… Ⅱ.①杨… Ⅲ.①企业领导学 Ⅳ.①F272.91

中国版本图书馆CIP数据核字（2020）第080340号

1分钟领导智慧

作　　者：杨思卓
出 品 人：赵红仕
选题策划：北京时代光华图书有限公司
责任编辑：徐　樟
封面设计：新艺书文化
版式设计：张志凯

北京联合出版公司出版
（北京市西城区德外大街83号楼9层　　100088）
北京时代光华图书有限公司发行
天津市祥丰印务有限公司印刷　　新华书店经销
字数137千字　　787毫米×1092毫米　　1/16　　13.5印张
2020年9月第1版　　2020年9月第1次印刷
ISBN 978-7-5596-4230-1
定价：88.00元

版权所有，侵权必究
未经许可，不得以任何方式复制或抄袭本书部分或全部内容
本书若有质量问题，请与本社图书销售中心联系调换。电话：010-82894445

目 录

序　言　/ VII

01 成长的智慧：学习的冠军，成长的教练

1克领导力＝1吨执行力　/ 003

要"善补"不要"恶补"　/ 005

不研究失败的人一定失败　/ 007

最好的老师也是最好的学生　/ 009

大成就者十二字箴言　/ 011

权力就是放大镜　/ 013

成功者的四条正道　/ 015

征服山还是被山征服　/ 017

事业发动机以激情为燃料　/ 019

你不够坚强是因为不够坚信　/ 021

成功是一种让人失去理智的酒　/ 023

企业家的三味药　/ 025

什么叫好心眼　/ 027

你听不到的两种声音　/ 029

成功没有那么构思严谨　/ 031

最睿智的眼睛亦无法看清自己　/ 033

不做头衔领导者　/ 035

专注，有如神助　/ 037

超越自己，才是永远的冠军　/ 039

外王需要先内圣　/ 041

什么是执迷不悟　/ 043

教导 = 3 分知识 + 7 分知识酶　/ 045

有服人之能，无凌人之势　/ 047

快而不乐，富而不贵　/ 049

什么才是浪费时间　/ 051

02 决断的智慧：理性的决策技术，灵性的决策艺术

人人满意才是失意　/ 055

做实业还是玩资本　/ 057

一分耕耘未必一分收获　/ 059

"倒二八"的领导者　/ 061

决策的最佳时间点　/ 063

弯道超车才是高手　/ 065

低谷法则 & 巅峰法则　/ 067

弱势企业的大智慧　/ 069

领导者的祸患来自哪里　/ 071

随便"跨界"，多为"露怯"　/ 073

怎么办，怎么"不办"　/ 075

走的人多了就没了路　/ 077

何谓进退之妙　/ 079

高手不去追随消费者　/ 081

没招，是因为你只有一把螺丝刀　/ 083

扣动灵感的扳机　/ 085

管理者，还是领导者　/ 087

肥胖绝非健壮　/ 089

鱼与熊掌不可兼得　/ 090

走不过去的可以绕过去　/ 092

前面未必安全，最后一定危险　/ 094

钢的领导衍生铁的执行　/ 096

高手过招，两手都要硬　/ 098

问题之门可能是机会之门　/ 100

"杀人游戏"，还是"拉人游戏"　/ 102

03 用人的智慧：领袖的本事，是让部下当英雄

从驾驶舱到智慧塔　/ 107

强大只敬佩伟大　/ 109

诱之以利不如诱之以梦　/ 111

人才并非全才　/ 113

从明星转型到教练　/ 115

查一查感情账户　/ 117

快手加高手，才有左右手　/ 119

学会领导的第一步是学会服从　/ 121

伯乐也会看走眼　/ 123

差劲的部下总有更差劲的领导　/ 125

把常人变成英雄才是领袖　/ 127

弯路即是风景　/ 129

别在蚊子腿上找肉吃　/ 131

人生如歌，命运只为你谱曲　/ 132

输血不如造血　/ 134

打成功的包票等于欺骗　/ 136

情商低的主要症状　/ 138

老板有所为有所不为　/ 140

给自己找一个"黄金搭档"　/ 142

人才如刀，藏其拙不如用其锋　/ 144

事业辉煌，个人平淡才是牛人　/ 146

不上榜的可能是牛人　/ 148

抓住他的梦，抓住他的痛　/ 150

下属都牛，你才真牛　/ 152

把"空降兵"变成"子弟兵"　/ 154

04 治理的智慧：制度的河流，文化的风帆

心急吃不了热豆腐　/ 159

固守成功＝自废武功　/ 161

强者提升速度，智者更换跑道　/ 163

能者持规，智者立德　/ 164

韧鱼吃躁鱼　/ 166

销售是一把剑，服务是一张网　/ 168

只有共赢才是真赢　/ 170

基层的失败就是中层的失职　/ 172

让结果说话，那就晚了　/ 173

痛则不通，通则不痛　/ 175

你有千条妙计，我有一定之规　/ 176

所谓理论家和实践家　/ 178

企业的"四大金刚" / 180

判断企业健康与否的两个要点 / 182

培训是一种高风险投资 / 184

要画饼,更要充饥 / 186

传承靠制度,企业才靠谱 / 188

人生的四种选择 / 190

商海航行五要素 / 192

专业是人为的知识壁垒 / 194

成功人格八见识 / 196

高度不等于难度 / 198

不怕得不到,就怕学不到 / 200

企业需要安好"罚门" / 202

业绩决定强盛,制度决定长盛 / 203

序言

亲爱的朋友，作为领导者，你肯定听过许多管理课。我当了三十年的领导者，讲了二十几年的领导课，做过上百位领导者的顾问，这本书是我近距离了解了无数人的困惑，并和他们一起经历困惑后的感悟。

当今社会有一种流行病，叫作"急功近利"。到了管理理念上，这种病出现了两个变种，一个叫作"执行决定成败"，一个叫作"让结果说话"。

有人会问，执行关不关乎成败呢？当然关乎成败，没有执行能落地吗？但关乎并不等于决定。结果重不重要？当然重要，做事情没有结果能行吗？但重要并非首要。一个真正的领导者，首先要问自己一个问题："执行是从哪里来的？结果又是从哪里来的？"

感谢国学照亮了我们的盲区:"行成于思毁于随",没有科学的思辨,盲从就是毁灭;感谢佛学启发了我们的智慧:"菩萨畏因,凡夫畏果",让我们豁然开朗,执行来自领导,结果来自原因。就像建高楼,想要高楼屹立不倒,必须要有坚固的地基。世界第一高塔迪拜哈利法塔,高度达 828 米,雄视世界上的所有建筑。它之所以屹立不倒,是因为它有着深达 50 米的地基。巨大的重量均匀地分配在 192 根基柱上。

那么领导者的高度,是建立在哪些基柱上的呢?

答案是四根智慧基柱:成长的智慧基柱、决断的智慧基柱、用人的智慧基柱和治理的智慧基柱。这也是本书四个章节的内容。

许多人都有这样的感悟:一句话点醒梦中人,一堂课只要悟透一句话就值了。本着这样的原则,我把私房课上的智慧碰撞做了一个精选,给那些没有时间,也没有耐心去读大部头的读者一瓶"领导智慧浓缩丸"。感谢学员们的奉献,也感谢我的助理及本书所有编辑,他们的心血和智慧,是本书不可或缺的重要组成部分。

01
成长的智慧：
学习的冠军，成长的教练

1克领导力＝1吨执行力

求解：

在MBA的课堂上，有的老师讲"赢在执行"，有的老师讲"成在领导"。听着都有道理，但是我有点迷惑了：执行力和领导力到底哪个更重要呢？

点睛：

企业发展有三级问题，领导力是一级问题，管理力是二级问题，执行力是三级问题。一生二，二生三，三生万物。1克领导力＝1吨执行力！

执行力无疑是重要的。执行有力，计划才能变成现实。所以余世维先生讲"执行力就是保质保量完成任务的能力"；执行不力，决策就变不成结果；所以姜汝祥先生讲："没有执行，一切都是空谈！"

他们二人说的都很有道理。但是且慢执行，我们需要先问一下自己：要执行什么？凭什么要执行呢？

老子讲：道生一，一生二，二生三，三生万物。道是什么？在企业管理层面，道是愿景和使命；一是领导力；二是管理力；三是执行力；而万物就是绩效。领导力是一级问题，管理力是二级问题，执行力是三级问题。你会发现，要执行什么是由管理决定的，凭什么执行是由领导决定的。没有领导力，执行力纯属瞎掰，甚至是灾难！

世人皆知：在错误的方向上，强大的执行力会变成毁灭性的动力。企业中的安然、雷曼、三鹿……我们见得还少吗？

从这个意义上讲：1 克领导力＝1 吨执行力。

要"善补"不要"恶补"

求解：

企业越做越大，我感到力不从心。最近几年一直在"恶补"，读了不少书，也听了不少课，还拿了两所大学的MBA（工商管理硕士）文凭。可很多课听着明白却用不上，企业问题依然越来越多，这是怎么回事？

点睛：

学习有门道，进补有科学。一个有效的学习者要变"恶补"为"善补"。

企业越做越大了，领导者驾驭团队的能量就不够了，就会感到虚弱，就会想到要进补。

体虚要补，心虚更要补，但是我们要"善补"不要"恶补"。中国历史上，乱"进补"的天子都是短命天子。从秦始皇寻找长生不老药开始，汉成帝刘骜、宋度宗赵禥、明光宗朱常洛、清文宗爱新觉罗·奕詝……天子乱补，寡人命苦；老板乱补，纯粹老土。

今天说国际化经营，明天讲中国式管理；上本书说细节决定成败，下堂课说态度决定成败……"恶补"一番之后，各种知识在脑袋里打架，补得鼻血横流，你就蒙了：怎么越学越不会了？

还是回到常识上面来吧：缺啥补啥——气虚补人参、血虚补阿胶、阳虚补鹿茸、阴虚补银耳。企业成长也要补对了才有用。基层补执行力，兵精其术；中层补管理力，将通其法；高层补领导力，帅明其道。进补有道，才能药到病除啊。

不研究失败的人一定失败

求解：

有那么多老师都鼓励人研究成功，您为什么总让企业家先研究失败？

点睛：

不成功的人要研究成功学，成功的人要研究失败学。研究成功的人未必会成功，不研究失败的人一定会失败。

成功学是一种快速兴奋剂，特别适合那些悲观者、失望者和失败者。让他们高喊一百句"我是最棒的"，他们很快就会有热血澎湃的感觉，所以那些缺乏信心的入门者和业绩不佳的销售员，特别适合学习成功学。正所谓，要成功，先发疯，无所畏惧向前冲。

而对于一个小有成就的老板，特别是那些喝了"成功"的酒，已经进入"醉驾"状态的老板来说，再服用这种成功学的兴奋剂，那就要出大事了——因此而车毁人亡的太多了。

我认为，不成功者的第一课：成功是怎么来的；成功者的第一课：成功是怎么没的。你研究一下黄光裕，就会知道什么叫作巅峰即是悬崖；你研究一下兰世立，就会知道什么是久赌必输；你研究一下诺基亚，就会知道什么叫故步自封；你研究一下王均瑶，就会明白健康没了，一切都是浮云。

拿别人当作研究对象，你的代价很小；把自己当作试验品，你的代价就很惨重。最聪明的学习，是让别人的失败成为你的"馅饼"，这个道理，相信你懂！

最好的老师也是最好的学生

求解：

"所谓领导，就是教导，最好的领导是能够带队育人的人。"在您的课堂上，您说这句话只说对了一半，另一半是什么呢？

点睛：

领导者，就是向高能量者化缘，向低能量者布施的人。

一个卓越的领导者，确实要带队育人，但他同时应该有两重身份——是教导者，也是学习者；他是最好的老师，也是最好的学生。

最好的老师，是自己付出，他人得到；最好的学生，就是自己学习，自己得到。想当最好的老师，首先必须是最好的学生。为什么？就因为老师没料，学生不服啊！如果学艺不精就想出山当师傅，教出来的徒弟也是笨徒弟！

所以，作为企业领导，首先自己要是个好学生，学好艺，才能教好下属，才能带好团队。俗话说"台上一分钟，台下十年功"，每个在台上风光无限的老师，在台下都花了不少的功夫。就好像大洋里的冰山，水面上的八分之一之所以壮观，是因为有水底下的八分之七在给它提供支撑！

好老师的特点是教人时有父母情怀，学习时有赤子之心。

清空自己，保持知识的"真空"状态，遇到高人时来一个吸功大法，把他的本事学到手。作为好学生的你积淀这八分之七，作为好老师的你才能将那八分之一发挥到极致。

大成就者十二字箴言

求解：

在您的"领导力"课堂上，您讲到在商业竞技场上的赢家有各种各样的风格。请问什么样的风格赢的概率最高呢？

点睛：

大成就者有十二字箴言：志刚气柔，心虚行实，品方话圆。

每个人都有自己的成功法则，你有你的千条妙计，他有他的一定之规。在这里，我送你一条上计——大成就者的十二字箴言：志刚气柔，心虚行实，品方话圆。

所谓志刚气柔，是说你应该有钢铁的意志，柔和的魅力。你有威严的气场，但更是谦逊的榜样。下属与你交谈，不是战战兢兢，而是如沐春风。

心虚行实，就是你应该有一颗空灵宁静的心，不为喧闹所扰，不为自满所阻。你更应该言必信、行必果，若是行事雷声大雨点小，那你会迅速被人抛弃在后面。

品方话圆，就是说你应该是谦谦君子，心正行明，堂堂正正。你的谈吐温润素朴，智理通透，能做到义正词婉。

参透了上述这十二字箴言，你想知道什么样的风格赢的概率最高，是不是就不言而喻了？

权力就是放大镜

求解:

听一位教授讲:有名气,有权力,做老板有这两样东西会放大影响力。您怎么看这个问题?

点睛:

名气和权力只不过是放大镜,可以放大你的影响力,但同时也会放大你的人格缺陷。

当年"微博女王"姚晨几度想要关闭微博,有人问她为什么,她说自己每说一句话都会被转发无数次,备感压力。是啊,当明星的都这样,生活中的任何芝麻小事都是公众窥视的对象,无比光鲜的同时也被推到了风口浪尖上,一旦犯错就会被淹没在广大人民群众的唾沫星子里。

领导者也是企业里的明星。因为权力和地位,他的一举一动都会成为员工的观察对象。就像明星的知名度越高,所受到的关注就会越大一样。

但是这种关注只不过是放大镜。就像政治学里说的"职位放大镜"一样，随着你的权力越大、地位越高，你的优点和成功会被放得越大，被众人歌颂；但是同时你的缺点和劣势也会被放大，一旦你的缺陷显现出来，那么在众人的"有色眼镜"下，你的形象就会瞬间坍塌。

　　名气和地位对于人来说，不过是一把双刃剑，稍有不慎，就会伤到自己。所以，领导朋友们可要用好手中这把剑，别让名利伤了自己。

成功者的四条正道

求解：

很多人总结成功的经验，有的说是坚守，有的说是用人。我觉得他们说的好像都不全面，您怎么看？

点睛：

在寻找成功之路上，弯路、死路多不胜数，而正路无非四条：结有道之人，读有益之书，借有利之机，做有为之事。

成功的方法有许多种，总结起来无非就是坚持了以下这四点：结有道之人，读有益之书，借有利之机，做有为之事。

结有道之人，就是与高人同行。他看得高，就省得你搬砖头登山头；他看得透，省得你过河还要摸石头。

读有益之书，就是备好"干粮"，书就是我们的精神食粮。心中有粮，就不怕山高路长。不过要注意了，一定得是"好干粮"。

借有利之机，做有为之事。就是说，跟对了人，备足了粮，接下来就是怎么行路的问题。要想日行百里，那只是跑步疾行恐怕不成。怎么办？必须搭顺风车，行顺水船。啥是顺风车？政策导向啊！

啥叫顺水船？消费趋势啊！懂得这两条，那第四条做有为之事，成就一番利国利人利己的大事业就不难了。那些成功的"首富"，他们既没有三头六臂，也不会飞檐走壁。但你再品品就明白了，他们每个都有一"绝"——会"借力发力"。

征服山还是被山征服

求解：

攀登珠穆朗玛峰比打高尔夫更刺激，看到王石等企业家不断攀登高峰，让我觉得这项活动最能体现企业家的本性，那就是征服，是这个道理吧？

点睛：

登临绝顶时的最大收获：不是你在征服山，而是山在征服你。

登山有两种境界：第一种是你登上了山顶，觉得自己征服了山；第二种是你站在顶峰，领悟到了不是你征服了山，而是山征服了你。从"征服山"到"被山征服"，是人思想上的一个飞跃。

人生就像登山，也有两个境界。第一个境界：从自卑到自信。登山之前，你觉得山很伟大，自己很渺小。登上山顶了，你觉得你很伟大，山很渺小。这时自信有了，但也滋长了自大。比如有些人很自信，说自己从来不犯错，这就不够谦卑了。这说明他们勇敢，但还没有勇敢到否定自我。第二个境界：从自信到谦卑。卓越的领导者，都有伟大的谦逊品质。就像王石，登临绝顶后，反而觉得山更伟大，自己更渺小，于是他回到学校去进修了。这类人因为有谦卑品质，会得到更多的尊重。

如果你能感受到山的丰富，就会懂得自己所学还不够，还需要学习，你会变得更谦虚，正因为此，你往往能登上更高的山峰。

事业发动机以激情为燃料

求解：

我做了多年的企业，现在我的企业也算有了规模，但是作为创始人的我，却越来越没有激情。不知是该把企业卖了，还是要苦撑下去？

点睛：

对于事业的发动机来说，激情是必不可少的燃料。没有激情，何必苦撑？

作为领导者，引领一个团队，必须要有直面一切困境并走出困境的动力，而这种动力，主要来源于激情。有足够的激情，就能斗志昂扬，就能大步前进；没有激情，就会萎靡不振，就会寸步难行。

马云曾问孙正义："为什么你只思考了6分钟，就决定投资2000万美元给阿里巴巴？"孙正义说："因为你的双眼冒光，闪烁着梦想和激情。"同样，美国国际数据集团董事长麦戈文投资前会让寻求投资的企业家们开车带他去兜风，最后得到投资的是"开车有激情的企业家"。看到了吗？有激情甚至可以让你向成功迈进一大步！

迈向成功需要激情，面对困境更需要激情。从狼狈到荣耀，落差会给你带来成就感；而从顶峰到低谷，落差给你带来的是绝望感。绝望的时候你若是没有了激情，就会忘记当初的梦想，就没有勇气来应对，就无法面对来自团队和外界的压力，就会怀疑自己。慢慢地，你会觉得世界放弃了你，于是，你就失败了！

  你要时刻记住：这个世界放弃你的时候，一定是因为你放弃了激情。真正有激情的领导者，是不会自甘堕落、自我毁灭的，而是会不屈不挠，永不言败。

你不够坚强是因为不够坚信

求解：

我"下海"后，走上了创业这条路，虽然赚到的钱是过去的百倍，但总是时不时有迷失在森林里的感觉，有时想前行，有时想退回原路。为什么会有这种心态？

点睛：

你不够坚强，是因为你还不够坚信。事业再大也不过是树干，而坚信才是树根。

我们常会赞叹那种超乎寻常的坚强。那么，到底是什么在支撑着这份坚强呢？

比如说我们赞叹风暴中的树，被暴风雨侵袭过后，仍然屹立。我们说这棵大树很坚强，你会发现它不一定是树干最粗壮的，而是树根最扎实的。人的行为不就像一棵树吗？让人屹立不倒的，不是你身体有多么强大，而是信念有多么坚强。

澳大利亚的尼克·胡哲，是一个"80后"，一出生身体就只有半截，只有左脚掌及相连的两个趾头可以用来行走。一度想自杀的他，终于在18岁有了这样的信念："如果别人没有给你奇迹，你就去成为奇迹。"于是他学会了游泳、踢足球、用脚玩电脑，拿下了两个专业的学位。到了28岁，没脚的尼克·胡哲已经走遍了25个国家，开了1500场演讲，用他激情的故事，激励了上百万人。他不仅做到了独善其身，还做到了兼济天下。

许多正常人却没有尼克·胡哲那份坚强，为什么？因为虽然他们什么都不差，却少了那份坚定的信念。

成功是一种让人失去理智的酒

求解：

最近几年，公司销售额和利润都达到了历史最好水平，好几家 PE 公司找到我，鼓励我上市。我准备引进一部分风投，向上游扩张，不知道会不会有风险。

点睛：

世界上最让人失去理智的酒，是一种叫"成功"的酒。

"Cheers（干杯）！"企业的"庆功宴"上总能听到这样的欢呼。碰杯声中美酒下肚，没有人去想这是不是"最后的晚餐"。这也难怪，因为这世界上最让人失去理智的酒，正是一种叫作"成功"的酒。有多少企业家曾因为喝了这酒而失去理智？

史玉柱原本想建一座 18 层的巨人大厦来办公，结果许多人跑来"劝酒"，于是 18 层变成 38 层；有人说"再喝一杯"，于是 38 层变成 54 层；人们见史玉柱"还能喝"，就继续劝。那时的史玉柱显然已经"喝高了"，手一挥，70 层！结果楼还没盖起来，巨人就"醉倒"了！

再看秦池集团，1996年在央视广告招标得到"标王"后，由一个名不见经传的小酒厂变成了全国知名的大企业！这杯成功酒着着实实把秦池灌醉了，紧接着他们以巨额广告费蝉联了1997年央视广告"标王"。如此疯狂的"醉驾"最后撞上了"勾兑酒"这座冰山。"绿色的秦池，永久的秦池"成了"黑色的秦池，沉没的秦池"，最后消失在人们的视线里。

翻开上述这些企业的兴衰史，让人感慨良多：这成功酒，能不能喝？能！但要慎重喝，喝多了不仅会"醉驾"，还伤身！细斟慢酌才能品味到五谷杂粮的味道！不是有这样一句话吗："劲酒虽好，可不要贪杯哦！"

企业家的三味药

求解：

在商场打拼的人，要么消沉，要么急躁。对此，企业家应该吃什么药？

点睛：

企业家的三味药：一是名利，味甘而性炽；二是磨难，味苦而温补；三是反省，清热而解毒。

大多数病痛都有相应的治疗之法，疾病能否痊愈，要看用药是否合理。人生，也有三味药，人生最后的成与败，也看用药是否得当。

人生的第一味药，叫作"名利"，它味甘而性炽，若长期服用，必然会内心积火，深受其害。患者多伴有痴迷、虚荣、恐惧等症状，终日绞尽脑汁追名逐利，患得患失。当年的"养生大师"张悟本等人，不就是吃多了"名利"药，骤得大名，以至于虚火攻心，身败名裂吗？

人生第二味药，学名"磨难"，味道极苦，却很温补。患者若能忍得一时苦涩，将必有所获。所谓"吃得苦中苦，方为人上人"。马云毕业后想当警察，跟四个同学一起去考试，结果他的四个同学被录取了，就他被淘汰了。杭州第一家五星级酒店开业时他想应聘服务员，也被拒之门外。与人一起到杭州肯德基应聘，他又是名落孙山。够苦吧？可他没有放弃，最后有了自己的阿里巴巴。

反省，是人生的第三味药，主要功效是清热解毒，是治疗世间疾病的必备良药。没有反省，便没有飞跃，更不可能有成功。任正非不反省，华为能"一江春水向东流吗"？李东生不反省，TCL这只断翅之鹰还能重生吗？

中国的一些企业家，往往是第一味药吃得太多，虚不受补，容易飘飘然找不着方向；第二味药吃得也不少，在苦难里摸爬滚打是常事；但是第三味药吃得就很不够了，反思匮乏。所以他们大部分得了热症，急功近利，甚至部分人高烧不退，最后马不停蹄直奔毁灭的终点。

什么叫好心眼

求解：

大家都说我好心眼，但我总是遇到歪心眼的合作伙伴，受骗上当不止一次，为什么受伤的总是我？

点睛：

什么叫好心眼？要想不受伤害，不但需要有一颗坚强的心，更需要有一双锐利的眼。

有的人不停地遭受挫折和失败。第一次，他说："别人生气我不气，大不了从头再来"，但是不久挫折又来光顾他。他无奈，哀叹："为什么受伤的总是我？"是啊，为什么受伤的总是你？

因为你心眼不够。什么叫有心眼？要想不受伤害，不但需要一颗坚强的心，更需要一双锐利的眼。你没被伤害打倒，说明你有一颗坚强的心。但是为什么倒霉总是跟着你呢？说明只有坚强的心还不够，还必须有一双锐利的眼才行。

孙悟空在太上老君的炼丹炉里，被烟熏火燎了七七四十九天，炼成了火眼金睛，什么妖魔鬼怪、魑魅魍魉，他一眼就看透了。这些错误和挫折不也是你的"炼丹炉"吗？如果你也能炼出个"火眼金睛"，还怕遇人不淑、交友不慎吗？

你听不到的两种声音

求解：

我喜欢给别人以掌声，也喜欢别人给我以掌声。有人说当老板喜欢给别人掌声好，自己喜欢掌声不好，这种说法对吗？

点睛：

听不到背后的声音，你就会把赞美当真；听不到内心的声音，你就会把掌声当真。

赞美和掌声很多时候都不是真的。如何辨识真假呢？你必须要有一双"聪明"的耳朵。

"聪明"的耳朵不仅能听到眼前的声音，而且能够听到背后的声音。就像好的乐手，能够听到"弦外之音"。当你听到"你真是女强人"，就要给自己一个"其实……"的提醒，"女强人"强悍、铁腕，但很有可能少了温柔。那些拥有"女强人"称号的人，可能不乏勇猛果断，缺乏的是一颗柔软的心。听听背后的声音吧，你就会冷静许多。

听到掌声，也要给自己一个"但是……"：我收获了荣誉，但这只是小荣誉；我迈向了成功，但这只是小成功。听听自己内心的声音，你就会坚定许多。

"高帽子"谁都爱戴，但在戴之前，要注意听一听。听不到背后的声音，你就会把赞美当真；听不到内心的声音，你就会把掌声当真。你一当真，耳朵就聋了，掌声不知不觉就变成了嘘声。

成功没有那么构思严谨

求解：

看到一位著名企业家的传记，讲到他20年前就看到了行业前景，立下远大志向，构思成功的战略，一步步走向了成功。在钦佩之余，也有些怀疑，成功者都是那么有远见的吗？

点睛：

成功是很多平淡、很少精彩的短篇小说集，通常不是一部构思严谨的长篇巨著。

我和许多成功的企业家有过面对面、推心置腹的交流，从他们的成长经历中，我发现很多成功是无意识的必然和有意识的偶然碰撞而成的。只不过写传记的人把这些神化了，使之全部成了必然。

比如出现一位民族英雄，就会有人说他10岁起就立志报国。试想，一个10岁的小孩，知道报国是什么吗？那些起义成功的农民领袖10岁的时候都在干什么？刘邦整天琢磨着怎么逃学，朱元璋一边放牛一边想着如何吃顿饱饭……谁想过要干皇帝这一行啊！还不都是被一个个偶然事件给促成的吗。

相反，许多曾经立志要成就一番事业的人最后却一事无成。往往一万个人构思了伟大，却只有其中一个人成就了伟大。而这个人和那9999个人之间的区别，在能力方面找不到差异，品德方面找不到差异，最后你会发现，只是差一个契机。

讲些传奇给孩子可以励志，做企业的人若是信了这些，可能会"受骗"。如果说一个又一个的偶然就是一篇小说的话，那么成功就是一部很多平淡、很少精彩的短篇小说集，而不是一部精心组织、构思严谨的长篇巨著。

最睿智的眼睛亦无法看清自己

求解：

企业家必须能够反观自己，看清自己身上的缺点，才能不断进步，您说对吗？

点睛：

就算你有这世上最睿智的眼睛，你也无法看清自己。

如果你有一双眼睛，你可能纵览泰山，也可能细观沙粒，但是你看不到自己。要想自我反视，只能借助镜子。企业家自我反省固然重要，但是还要学会利用别人的眼睛来看自己。

身边还有敢于批评你和给你提建议的人吗？这些人就是你的镜子。尽管那可能是哈哈镜，过于夸大或缩小了某些事实或特性，但没有镜子，自省基本不靠谱。有些企业家永远看不到自己，因为他们从来不"照镜子"。他们是公司的"土皇帝"，在他们的公司里，员工不是人才而是奴才，他们认为自己的决策就是"圣旨"，谁敢批评反对，那就是出言不逊，弄不好就要给判个"斩立决"。20世纪汽车市场竞争何其激烈，福特却独宠黑色T型。任凭下属如何谏言，仍然坚持己见，甚至一怒砸新车。结果在其他产品的夹击下，福特汽车的龙头地位被超越。黑色 T 型，成了名副其实的"红颜祸水"。

可见不管你如何强大，毕竟人无完人，只有不断地在"镜子"中看到不完美的自己，不断地自我反省，才能一点点认识并提高自己。若不照镜子，怕是连脸上有脏东西，你都察觉不到。

不做头衔领导者

求解：

我最近提拔了一批企业高管，但是发现他们有了职务，有了权力，却领导不了下面的人，这是为什么？

点睛：

领导不是拥有领导头衔的人，而是具有领导才能的人。

拥有领导头衔的人不一定是真正的领导。一只山羊站在农家的屋顶上，看见下面有一匹狼，山羊问狼："笨狼，我高不高啊？"狼仰视着山羊说："你真是太高啦，我想把这香草献给你，都够不到啊，你下来吃吧。"于是山羊跳下来欣然接受，结果被狼咬住了咽喉。狼对山羊说："你明白了吧，不是你高，而是你的位置高。"

很多时候，头衔具有迷惑性，会让领导者以为自己多么高，自己的决策有多么英明，自己的笑话有多么好笑。要知道，这时候的影响力并不是来自他的魅力，而是来自职位头衔。就像金庸的小说《鸳鸯刀》中的"烟霞神龙"逍遥子、"双掌开碑"常长风、"流星赶月"花剑影和"踏雪无痕"盖一鸣一样,只是专拿头衔唬人。我们有些领导也是这样,是个"头衔领导者"。作为管理者,是"衔实相称"还是"衔实不符",既反映官品,更显现人品。

我们观察那些真正的领导,都有这样的特质:能力大于头衔。小写的领导者,大写的领导力,小品都能做成大戏;若是反过来,那一定是操心又费力,劳民伤财害自己。

专注,有如神助

求解:

我们公司业务涉及房地产、服装、食品等六大领域,形成了"三主三辅"的发展格局,可是无论是主业还是辅业都没有在专业领域里进入一线,该怎么办?

点睛:

你不够专业,是因为你不够专注。无比专注,有如神助。

很多企业都是这样,主打产品发展到一定程度之后就开始走多元化发展道路。如果你有这个能力做大做强的话,那无可厚非。但问题是很多企业是半瓶子醋,以为主打产品很好了,就开始分散精力发展多元化了,结果最后主打产品也倒下了。为什么呢?因为主打产品还不够成熟!为什么主打产品不成熟?因为你不够专业!为什么你不够专业?是因为你不够专注!

无比专注,有如神助。郎朗声名大振,可其实他从3岁起,只做了一件事:弹琴!看似有如神助,其实这光环背后是专注。做企业也是这样。比如青岛啤酒,从1903年创立到现在,锁定啤酒产品不动摇:"一英寸的宽度,一英里的深度。"这就叫专注!正是因为专注,所以他们更专业。

　　做企业想要多元化发展,首先要做好一元化,否则就像还没学会走就想着跑,那自然要摔跤。

超越自己，才是永远的冠军

求解：

我从一个外行做起，经过十年打拼，超过了一个又一个对手。现在我的品牌已经是这个行业的一线品牌了，我突然觉得没了方向。请问，下一步该怎么办？

点睛：

超越对手，你只是一时的领先，超越自己，你就是永远的冠军。

超越，从来都不是件简单的事。它得经历两个阶段：初级阶段叫作超越对手，高级阶段叫作超越自己。超越对手，你只是一时领先；超越自己，你才是永远的冠军。

就像世界纪录，总是在被不同的人打破。为什么是不同的人？很简单，因为超越对手相对容易，而超越自己极其艰难；一时超越自己相对简单，总是超越自己，极其困难。

要如何超越自己，从初级阶段飞跃到高级阶段呢？这绝对不是每天跟着别人喊两句"超越自我"就行的。这需要自知！几千年前的老子说："知人者智，自知者明。"也许你会说谁还不知道自己呢，你是李老总、张处长、王经理……这么说没什么大错,但这样说的也就是一个俗人。高人会知道,你如果是昨天的你,你就是最可怕的朋友;你如果打败了昨天的你,你就是最可爱的对手。以对手为参照物,每天改变一点点,每天赢得一点点,那么超越任何对手都不在话下!

外王需要先内圣

求解：

我这些年一直在抓企业的基础建设，企业的管理是行业里公认最好的，可是那些根本不抓管理的竞争对手却跑到了我前面。我该怎么办？

点睛：

没有根基的人，出了头也是浮萍；没有航线的人，上了天也是风筝。

总有人想着天上掉馅饼，而且最好还是砸在自己头上。有的人愿望实现了，成了暴发户；有的人愿望落空了，仍是个破落户！其实，与其这样，还不如扎扎实实，走好每一步。

就像建房子，得先设计好图纸，然后才能打地基，最后才会高楼林立。世界第一高塔迪拜的哈利法塔，就有第一流稳固的根基。建设企业也一样，首先得打好企业根基。当你在认真抓基础建设的时候，别人也许会跑到你前面，但是等你根基稳定了，开始腾飞的时候，那些没有根基的人就被你甩得远远的了。

为什么这样说？因为没有根基的人，出了头也是浮萍；没有航线的人，上了天也是风筝。没有打好基础，即便建了第一高的楼房也会倒塌。海豚在跃出水面之前会先潜入海里。那么企业家朋友们，是不是也应该在成功之前好好"沉潜"一番呢？

什么是执迷不悟

求解：

您讲过，有胆有识就是不但要有魄力，还要有眼力。那么，有眼力和没眼力的区别在哪里呢？

点睛：

别人都没看清，你看清了，那叫远见卓识；别人都看清了你还没看清，那叫执迷不悟。

眼力不同，结果大不相同。眼力好的，就算在弥漫的大雾中也能找到路；眼力不好的，一不小心就掉进了下水道。

乔布斯虽然戴着眼镜，眼力却是相当好。早在20世纪70年代，乔布斯就看到了计算机即将"飞入寻常百姓家"，别人都说他是"痴人说梦"，可是短短几年之后，就成了不争的事实。这是不是叫作远见卓识呢？

有些企业家不戴眼镜，却是"近视眼"——别人都看清了，他们还在那里执迷不悟。"黄色巨人"柯达没落了，诺基亚也风光不再。都是因为没有远见，没有准确预测到未来的发展方向。

如何才能看得清、看得远呢？古人说过"不畏浮云遮望眼，只缘身在最高层"，站得高，才能望得远。基层员工应该站在部门经理的位置上去看，部门经理应该站在整个公司的位置上去看，作为企业家的你，知道怎么看了吗？

教导＝3分知识＋7分知识酶

求解：

在给员工培训时，总会发现讲的内容多了，他们就消化不了。是不是笨人就要用笨方法来教呢？

点睛：

教导的目的不是为了填满，而是为了激活。好领导三分是给知识，七分是给"知识酶"。

教导，即在指教中引导，侧重的不是知识填充，而是能力的开启和激发。走进企业，你会经常看到某领导在苦口婆心向部下灌输各种工作技巧和知识。诚然，这种教导的精神十分可贵，但是所起到的实际作用大多不尽如人意。

生化反应中有一种起催化作用的酶，能促使和推动物质产生质的蜕变。学习中也有"知识酶"，它能给人以启发，使人脑海中昏睡沉淀的知识活起来，为人所用。事实上，在教导员工的过程中，大多数领导者掌握这种"知识酶"的使用权，但只有少数领导者会使用这种力量，因为其表现形式不一，有时是一种催人向上的激励，有时则表现为一种一针见血指出弊病的睿智。

让我们来看一个小故事：有一位武士向白隐问道。

武士问：天堂和地狱有什么区别？

白隐反问：你是何人？

武士答：我是一名武士。

白隐听后笑道：就凭你这粗鲁之人也配向我问道？

武士勃然大怒，随手抽出佩剑，朝白隐砍去：看我宰了你！

眼看佩剑就要落在白隐头上，白隐却不慌不忙轻声说道：此乃地狱。

武士猛然一惊，然后若有所悟，连忙丢弃佩剑，双手合十，低头跪拜：多谢师傅指点，请原谅我刚才的鲁莽。

白隐又轻声说道：此乃天堂。

你看，这样教人，才叫作让人恍然大悟，才叫作让人豁然开朗，才能让人茅塞顿开。

有服人之能，无凌人之势

求解：

前些年员工没有把我当成领导，开会时总是争吵扯皮，我也经常发火。最近开会时员工没有了不同意见，但是我感到一些人是有话不说。是不是我的作风太强硬了？

点睛：

好上司有服人之能，无凌人之势；好下属有执行之力，无盲目之失。

如果在你的公司，没有任何人对你的话提出异议，那么，不是你太专横，就是下属无能。专横的领导对意见具有选择性，耳朵只听得下"YES"，听不得"NO"。无能的下属在行动方面表现为执行力太弱，在思想上会表现为没有主见。

真正的领导有服人之能，专制的昏君只有凌人之势。优秀的下属有创造性执行之力，无能的下属只能盲目听命。

作为领导，你应该是以才服人，以德服人，而不是以位服人，以势服人。但是同时，你必须清醒，你并不是完人，你也会犯错误，你得让下属敢于反对，善于反对。你有技高一筹的本领及海纳百川的胸襟，下属就会发自内心地服从你，爱戴你。不然的话，万一哪天你脑子短路了，整个公司都得跟着停电！

反过来，下属一叫板，你只会拍着桌子大喝："你是领导，还是我是领导？"于是下属灰溜溜地走了。其实，当下属发现你错了也闭口不言的时候，也就是你要犯大错的时候。

快而不乐，富而不贵

求解：

做企业到底是什么？为什么财富越来越多，乐趣越来越少？难道真的是财色皆空吗？

点睛：

只把眼睛盯在快乐富贵上，结果总是让人纠结：快而不乐，富而不贵。大多数所谓"成功者"都是这个状态。

人的成功永远与预想有差距。就像"热得快"，追求100度的沸腾，却往往烧出来的都是"不完美的开水"。是啊，热得快，却烧不开。很多成功人士也都处在这么一种状态：快而不乐，富而不贵。

许多企业追求快速发展，总想着第一个爬到顶峰，感受成功的快乐。可是在快速前进的时候，却发现有好多东西没跟上，比如文化，比如制度。快速前进而留下的漏洞，又得花更多时间去修补。快而不乐，于是老板们很苦恼。怎么办？不如放慢脚步，感受一下"慢乐"。如果你一口就吃掉了人参果，怎能体会到其美妙滋味？

同样，老板们追求财富，拼命地投身于积累财富当中。财富有了，却发现精神很空虚，让人找不到那种高贵的气质和感觉。富而不贵，老板们又要苦恼一阵。怎么办？我们不如研究一下什么叫作"高贵"。喝一瓶3万元的洋酒，不如读一本30元的好书，陶冶情操，提高审美水平。

只把眼睛盯在快乐和富贵上，往往会快而不乐，富而不贵。所以不妨慢一点，贵一点，生活便会更有滋味。

什么才是浪费时间

求解：

我发现许多事都是在浪费时间，但是不做又不行，学了时间管理也没有用。怎样才能最有效地利用时间？

点睛：

休假不是浪费时间，游戏不是浪费时间，堵车不是浪费时间，洗衣做饭不是浪费时间。没头没脑地做事，既没有得到些什么，又没有放下什么，那才是浪费时间，而且是浪费生命。

有这样一种人，不敢休假，拒绝玩游戏，洗衣做饭更是离得远远的，堵个车能猛按喇叭骂骂咧咧半天，问他为什么这样，答曰"浪费时间"。

他们把一切跟工作无关的事情都归入无聊和浪费，连洗脸刷牙都恨不得能敷衍了事，赶车、赶路、赶进程、赶项目，永远都在赶。事实却是，他们中的大多数，并没有比别人做得好做得快，原因在于他们做了太多无用功。

其实，没计划没规划，只知道没头没脑地做事，最终毫无所获，这才是真正的浪费时间，又因为没能放下包袱和压力，这更是摧残生命。这年代，过劳死可不是新鲜事。

遇到工作上的坎儿，休个假，调整一下心情，能发现新思路也未可知，最起码为后续工作储备了体力脑力，总好过身心疲惫干着急。

能者巧于事，劳之逸之。做得坏不如玩得好，做得多不如做得对。

02
决断的智慧：
理性的决策技术，灵性的决策艺术

人人满意才是失意

求解：

这几年企业都在升级转型，制定的各项制度总是这些人满意，那些人不满意，真是众口难调啊。有什么办法让更多人满意吗？

点睛：

真正的领袖，从不奢求人人满意。左列钟铭右谤书，人间随处有乘除。

一个领导，想让自己的每个想法和决策都得到员工的理解和认同，可以说是一件非常难的事。领导是人不是神，做不到人人都满意，况且，人人满意也不一定是件好事。

比如说开会讨论项目，大家都有不同的意见。这些意见里有"上策"，也有"下策"，如果你想要人人满意，选择把这些招数集中起来平衡一下，那你最后只能得到一个"中策"。如果因此错过了机会，甚至还会变成"下下策"。但是一个真正的领袖，绝对不会这样做。他不一定获得员工最高的支持，但一定要代表最大的利益。

要求人人都满意,那是一种奢求。结果往往是人人不满意,自己更不满意。清代名臣曾国藩有诗句在前:"左列钟铭右谤书,人间随处有乘除。"力排众议,不仅是一种魄力,更是一种智慧!

做实业还是玩资本

求解：

我在加工制造业做了20年，现在这行越来越不好做。最近也想在投资行业试试水，又觉得心里没底，老师能否指点一二？

点睛：

做实业的是"牧人"，早起晚归，一天天让牧场草长羊肥，靠的是辛勤和汗水。玩资本的是"猎人"，用子弹换猎物，靠的是眼光和运气。

有人说，工业给商业打工，商业给资本打工。做资本投资是一种高级的业态，高收益，背后也有高风险。

从本质上看，可以说所有企业家都是投资者，只不过一部分是投资产品，我们称之为做实业；另一部分是投资企业，我们称之为玩资本。做实业的是"牧人"，苦心经营自己的"牛羊"，靠的是勤劳和汗水；玩资本的是"猎人"，用子弹换猎物，靠的是眼光和运气。

娃哈哈的"牧人"宗庆后，他的财富怎么来的？是一瓶一瓶的矿泉水卖出来的！靠的是什么？踏踏实实做产品。做得精，做得专，自然就值得信赖。再看看软银的"猎人"孙正义，投资雅虎，雅虎成功了；再投资阿里巴巴，阿里巴巴也成功了。一投一个准儿，孙正义是大罗神仙吗？非也，他靠的是眼光。

当"牧人"，比的是耐力；当"猎人"，比的是眼力！各有各的门道，换个玩法试试？也许飙车英雄就会成为马路杀手。

一分耕耘未必一分收获

求解：

俗话说：一分耕耘一分收获。我有一家礼仪服务企业，一家礼品团购企业，十几年都在辛苦打拼，为什么做不出一家像样的企业？

点睛：

找对了地方，一分耕耘有十分收获；找错了地方，十分耕耘没有一分收获。在一个有潜力的地方耕耘，才会日进斗金；在一个没有潜力的地方耕耘，那叫浪费青春！

很多人都讲，一分耕耘一分收获，其实这句话有误导性。什么情况下才是一分耕耘一分收获？在土壤、种子、天气等条件都还不错的情况下，耕耘才有相对应的收获。耕耘如果不看土壤，会把优质水稻都种进了沙地里，更别说下冰雹之类的了。

在商场上耕耘，道理也一样。举个例子，在天气（即政策）、种子（即能源）等条件都一样的情况下，土壤就成了关键。找对了土壤，一分耕耘十分收获都有可能。比如燃料，单说其中一种：汽油。

在有机动车辆的地方出售才叫找对了地方，即使油价上涨也对销量没有太大影响。

你要是找错了地方，十分耕耘都没有一分收获。你突发奇想，跑到沙漠里去卖汽油，期着哪天来个"沙漠大开发"，你就会发了。但显然你是找错了地方，任你怎么吆喝、怎么宣传都没用，一般机动车开不进来啊！"沙漠大开发"，难！

所以，耕耘要看土地，在一个有潜力的地方耕耘，才会日进斗金；在一个没有潜力的地方耕耘，那叫浪费青春！

"倒二八"的领导者

求解：

当老板的人都是有权力欲的，权力欲大干大事，权力欲小干小事，没有权力欲干不成事。您说是吗？

点睛：

权力欲越大，领导力越差。有令则行，有禁则止只是管理；不令而行，不禁而止才是领导。

初级的领导者，往往缺少威信。那他们用什么来管理下属呢？用"二八法则"来说，他们用的是二分的能力和八分的权力，也就是利用职位的权威来领导。

但如果一直用权力来管理下属的话，未免过于强势。因为那样下属服从的不是你，而是你的位置。所以中级的领导者就会改变策略：用五分的权力和五分的能力。这样的话，下属会觉得，你并不是全靠着你的职位，也有一定的实力。

那是不是这样就够了呢？明显不够。要让下属做到不令而行、不禁而止还需要提升境界。所以高级的领导者有不同的管理方法，即倒二八：用八分的能力，二分的权力。下属景仰你，钦佩你，是因为你能力值、人品值都很高，而非你的职位高。

所以，领导者只做到有令则行、有禁则止的境界还是不够的，真正的领导，能够做到不令而行、不禁而止。

决策的最佳时间点

求解：

听一位行业"老大"说：做老板就是做决策，高手就是正确的决策多，错误的决策少。这个说法对不对？

点睛：

"老大"的话常有老大的漏洞。什么是对错？哪有一成不变的标准答案。正确只在一瞬间，离开了正确的时间，就没有正确的决策了。

任何事物的发展都有一个最佳时间点。错过了最佳时机，原本正确的决策都有可能成为错误的决定。

就好比孩子的成长，长骨骼需要补钙，补早了没作用，补晚了效果不明显。企业发展更是如此。什么是最佳时间点呢？简单地说，就是"天时地利人和"。苏宁发展到 2006 年已经具备了做电子商务的条件，但是苏宁没有做，为什么呢？时机未到。原因有以下几点：一、网络不发达，并不是条条大路通网络；二、电脑还未完全"飞入寻常百姓家"；三、网购有风险，很多人的胆子不够大；等等。到 2010 年，时机来了，"天时地利人和"齐备了，"苏宁易购"也横空出世了!《孙子兵法》中说得好:"夫未战而庙算胜者,得算多也。"

正确的时间,加上正确的决策就叫作"完美"。离开了正确的时间,那叫作"见鬼"!

弯道超车才是高手

求解：

这些年一直在追赶标杆，从行业第五追到行业第二，好不容易快赶上行业的老大了，又遇到了金融危机，这就是天不助我吧？

点睛：

顺境是直道，危机就是弯道，聪明的领导者，乃是弯道超车的高手。

赛车中有一条黄金定律："直道上黏住对手，弯道处超越对手。"在直道上超车的机会是极少的，高手超车一般会选择在转弯处。

企业赛车手也要记住这条定律，经济危机就是企业发展的弯道。很多企业家在经济危机时看到的是"危"，往往变得恐惧、保守，甚者索性"冬眠"；聪明的领导者不一样，他们在经济危机时看到的是"机"，往往会果断出击，进行"冬猎"，这就是"弯道超车"。但是弯道超车需要技术含量，油门要踩好，速度得精确。晚一秒、慢一步，都有可能被前面的"标兵"挡住去路，甚至被后面的"追兵"超越。

企业赛车，精彩在弯道，竞争在弯道，决胜也在弯道。与其在危机中坐等失败，不如打起十二分精神来个漂亮的"弯道超越"，从此进入成功的坦途。

低谷法则 & 巅峰法则

求解：

一位国学大师讲，要做成大事，一定是该动的时候动，该静的时候静。我认为这话等于没说，问题是什么叫该，什么叫不该？请老师指点。

点睛：

低谷法则：你处于事业低谷的时候，千万要行动，因为怎么走都是在上升。

巅峰法则：你处于事业巅峰的时候，千万别乱动，因为怎么走都是下行。

企业发展跟人的发展一样，难免会有低谷期和巅峰期。不同时期就得出不同的招，有妙招，能从低谷到巅峰，瞬间扭转乾坤；而一招不慎，从巅峰掉入低谷，摔个粉身碎骨也有可能。这里我就教你两招。

第一招"动如脱兔"，处于事业低谷的时候使用。你看有些企业家啥都不懂，处于低谷期更是焦头烂额，于是死马当作活马医，豁出去了，结果却赢了一把，来了个"乾坤大挪移"。若你处于低谷期，千万要行动，因为怎么走都是在上升。

第二招"静若处子"，处于事业巅峰的时候使用。你看有些企业家啥都懂，事业干得风生水起，却在巅峰时期纷纷落马，摔得个惨不忍睹。为什么？高处不胜寒，稍微没站稳，就会往下掉。巅峰时期，千万别乱动，因为怎么走都是下行。

现在明白了吧，低谷期，先开枪，后瞄准，搞不好猎物就是你的；巅峰期，先瞄准，后开枪，猎物还不是"探囊取物"？

弱势企业的大智慧

求解：

看一位"大师"的节目，他说遇到强大的竞争对手，你只有比他更强，才会成为赢家。我听着有点晕，问题是我强不过他啊，我该怎么办？

点睛：

实力相当，以强对强的也许是大勇；强弱悬殊的时候，避高而趋下，避实而击虚，才是弱势企业的大智慧。

我们研究以弱胜强、以少胜多的战争案例，就不难发现，这些打胜仗的人80%都在用一种战术：侧翼攻击。就如《孙子兵法》里说的："攻而必取者，攻其所不守也。"

有的小企业不懂得这个道理。不甘落后，又不够聪明，盲目出击，结果是飞蛾扑火，自取灭亡。当年中式快餐"红高粱"与"麦当劳"的对战，最后"红高粱"兵败何处？简单地说就是不了解对手。不抓麦当劳的软肋反而去攻击麦当劳的"拳头"，结果反被别人击中软肋。

面对强大的对手，弱势企业就应该以智取胜，切莫以卵击石。

让我们来看看日本汽车当年是如何攻占美国市场的：当时大型豪华汽车品牌在美国市场的位置不可撼动，丰田就推出了小型家用汽车，物美价廉不说，还非常时髦，一下子就吸引了众多眼球。丰田这场偷袭战，可谓打得漂亮，有技术含量。

以弱对强，就得用巧。避高而趋下，避实而击虚，这个道理，不需要再说什么了吧？

领导者的祸患来自哪里

求解：

看到许多昨天还很风光的企业家,今天就"车毁人亡",这到底是什么原因造成的呢?

点睛：

领导者的祸患主要来自十个字。外部原因是四个字,急弯路窄;自身的原因是六个字,超载、超速、醉驾!

商场如战场,今天你威震天下,明天就有可能声名狼藉。看看东星的兰世立、太子奶的李纯途、秦池的王卓胜……是什么导致这些企业领导者大起大落呢?细细想来不难发现:形势突变,竞争激烈,归纳起来就是急弯路窄;但更重要的是企业领导者自身的问题,超载、超速、醉驾。

超载,就是超负荷运行。企业多元化的扩张似乎已经成了"香饽饽",多数企业都想尝一尝。然而又缺乏多元化管理,结果扩张反而成了压死骆驼的稻草。再看超速,许多企业只知道强调发展速度,规模每年都能翻番,听着羡煞旁人。后来不小心遇到故障了,来不及刹车,结果撞得个头破血流。还有醉驾,"成功酒"一下肚,让有些企业家飘飘然，找不着北了。

如今是事故多发时段，驾着车的企业领导者可要注意了：不超载，不超速，不醉驾。驾驭企业之车，既能够将车开得开心，又可以将车平稳开到家，那才是高手。

随便"跨界",多为"露怯"

求解:

如今流行这样的说法:老板越来越像学者,忙着著书立说;学者越来越像商人,到处开店赚钱。您怎么看这种现象?

点睛:

一条游得飞快的鱼,不要以为可以做天上的鸟,随便"跨界",十之八九是"露怯"。

　

成功都是在有限的领域。能纵横各界的全能冠军实在太少,打着灯笼也难找。

听了这话有人就不乐意了:"不对呀,我看很多人在不同的领域都很成功啊!"是这样吗?仔细分析一下就会发现并非如此。比如说某著名主持人出来卖字画,一时之间,字画大卖。于是就自以为已经是妙手丹青,其实他卖的是"名人"不是"名画"。还有一些做实业的人动不动就出来讲理论,也会有些喝彩声。他们还以为自己已经到达理论家的水平了。其实所讲的理论十之七八是些陈词滥调,十之一二是些胡言乱语。在我看来,主持人卖字画也好,做实业的讲理论也好,随随便便"跨界",往往很快"露怯"。

有做两栖动物的,有做三栖明星的,都需要超常的天赋,更需要超常的学习能力。所以,即便你是海里的游泳冠军——旗鱼,也不要以为可以轻易做天上的飞鸟,随便"跨界",搞不好就被晒成了鱼干!

怎么办，怎么"不办"

求解：

先是决策不准，然后是用人出错，我现在陷在一个棘手的项目里，已经很难起死回生了，大家也都认为没有办法了，我该怎么办？

点睛：

你可以怎么办，也可以怎么"不办"。明智地放弃，比一味地坚持更伟大。

有时候明智地放弃，比一味地坚持更伟大。

我们看看松下幸之助。在企业经营得一帆风顺的时候，他突然宣布全盘放弃投入了巨大财力物力的大型电子计算机的研发，轰动了整个商业界！为什么呢？因为松下幸之助考虑到大型电子计算机虽然当时很火，但是竞争相当激烈，一着不慎就会满盘皆输。不如先收拾收拾撤退，省得整天心惊肉跳的！事实证明，他的撤退是非常英明的，接下来一些比松下更专业的公司也放弃了大型电子计算机业务。

你看，这就是英雄断腕的气魄。瑞士裔法国军事学家约米尼有一句名言:"一次良好的撤退,应与一次伟大的胜利一样受到奖赏。"松下幸之助因为放弃而得到了奖赏,所以当你面对选择的时候,别忘了还有一条路叫作放弃。

走的人多了就没了路

求解：

我做过进出口贸易，做过保健品内销。开始都还不错，可是越做越难，竞争对手越来越多。这是为什么？

点睛：

世界上本来有路，走的人多了就没了路；世上的路本来还很长，不会拐弯就撞上了墙。

鲁迅说："其实地上本没有路，走的人多了，也便成了路。"这对应自然之路、平常之路。而对应企业发展之路、成功之路的，则应该是："这世上本来就有路，走的人多了，就没了路。"

看看那街边摆地摊的，今天张三摆，收入不菲，明天李四也来摆，后天王五也来了……最后张三收拾东西回家了。为什么？别人走了他的路，他无路可走了！

要想自己有路可走，就得会拐弯。这世上的路还很长，不会转弯就撞上了墙。我们来看看这个试验：把蜜蜂装进一个开口的玻璃瓶中，将瓶子放倒，瓶底朝着窗户，会发生什么？——蜜蜂不停地想在瓶底上找出口,一直到力竭而亡。你笑蜜蜂笨吗?可是像蜜蜂这样的企业并不少,比如柯达,比如诺基亚……还有你和我。

成功之路不好走,你不仅要有"拐弯"的智慧,还要有"变道"的勇气。

何谓进退之妙

求解：

您在课堂上曾经讲到，判断企业家是不是高手，要看他是不是能进退自妙，我该怎么理解呢？

点睛：

所谓进退之妙是：做对了，进一步就是勇敢，进一步峰回路转；做错了，退一步就是勇敢，退一步海阔天空。

为什么很多企业的成功昙花一现，令人惋惜？其中有个重要的原因，是他们不懂得进退之道。

进退之道有奥妙，你若不知道其中的奥妙就会惹烦恼。何谓进之妙？在正确的方向上，进一步就是勇敢，进一步峰回路转。可是有些人不知道这个奥妙，比如说诺基亚，刚开始还跑得很快，稳坐了多年销量冠军宝座之后，就有点不思进取了，结果被"四不像"的苹果超越了。趁热打铁都不会，结果惹得一身烦恼。

何谓退之妙呢？在错误的方向上，退一步就是勇敢，退一步海阔天空。让我们来看看英特尔，存储芯片是他们的老本行，结果被一个日本小公司踩在了脚下。虽然英特尔不服气，但又争不过人家。于是就退了一步，不做存储芯片了，去做微处理器，结果又做了个世界第一！

你看到了吧？做对了，进一步就是勇气可嘉；做错了，还要进，那就是执迷不悟了。有时需要退一步，退一步才能峰回路转，海阔天空。

高手不去追随消费者

求解：

企业生存的意义在于满足需求，优秀的企业只有用优质的产品服务满足消费者需求，才能追上潮流，您说是吗？

点睛：

高手不去追随消费者，而是让消费者追随你，那才是潮流领袖。

当我们通过资料分析和总结，以为自己摸到了消费者的需求时，他们的需求很可能已经变了。而不能及时摸清消费者需求的话，基本上就成了被淘汰的对象。

有的企业能够迅速抓住消费者的消费习惯及需求，并且能够及时满足消费者需求。这样的企业毫无疑问是非常厉害的，比如宝洁。"漂浮肥皂"事件塞翁失马，反而因祸得福；海飞丝淡蓝变深蓝的迅速"换装"……这种敏锐的嗅觉，使得宝洁公司牢牢地抓住了众多消费者。

但是尽管如此，宝洁公司还是处于被动的位置。企业与其被消费者"牵着鼻子走",不如掌握主动权,牵着消费者的鼻子走。比如苹果公司,先是推出iPod touch,迅速改变了消费者的习惯,记住,是改变,不是抓住。然后再推出iPad,更是牢牢地抓住消费者的心。iPhone就更不需要说什么了,拥有众多拥趸。这才叫引领潮流。

不去追随消费者,而是让消费者追随你,这才是潮流领袖!

没招，是因为你只有一把螺丝刀

求解：

我听到许多绝对的观点：态度决定一切，质量决定一切，细节决定成败，执行决定成败……到底什么是决定性的因素呢？

点睛：

当一个人的工具箱里只有一把螺丝刀的时候，就会把所有的问题看成是螺丝。

哲学家说万事皆哲学，历史学家说万物皆历史。其实除了哲学和历史，还有数学、物理和化学。当一个专家不了解其他知识的时候，就会把所有的东西都用自己的专业来解释。

同样，当你的工具箱里只有一把螺丝刀的时候，就会把所有问题看成是螺丝，于是，就有了偏执。有人会说执行决定一切，那一定是因为他不懂领导，于是，就有了神化。有人会说细节决定成败，其实是因为他不懂战略，于是，就有了误导。有人说态度决定一切，其实是因为他不懂技能。

如果你信了这一切，而且深信不疑，结果很可能是为此输掉一切。你笑他人一叶障目，别人也在笑你坐井观天。只有放开视野，从多个角度去分析问题，才够全面。若是不能全面看问题，你放心好了，明天绝对不是一个艳阳天！

扣动灵感的扳机

求解：

前一段时间学习决策理论，老师一再强调，制订严谨的战略规划，必须用理性决策取代感性决策。我听着有点疑惑，决策中真的不需要感觉吗？

点睛：

击中目标的人通常不是制订了严谨的规划，而是首先扣动了灵感的扳机。

在商战中，有的企业家总是能料事如神，先发制人，迅速地抓到猎物。而有的企业家做了精密的狩猎计划，却还是和猎物擦肩而过。仔细分析你会发现：很多击中目标的人通常不是制订了严谨的规划，而是首先扣动了灵感的扳机。

要做好一个项目，市场调研是必要的，但不是最重要的。当年日本企业在大庆油田项目招标中为何能一举中标？是因为他们做了严谨规范的市场调研吗？非也，而是他们先扣动了灵感的扳机。当国内正在一篇又一篇文章地报道"大庆精神""王进喜先进事迹"时，日本企业找到了灵感：开发油田。于是开始搜集数据，分析数据，最后才能一举中标。

试想，若是日本企业只是把这些文章当作普通新闻来看待，而不是触动了"开发油田"的灵感，他们和大庆油田的合作很有可能会失之交臂。

可见市场调研并不是最重要的，更重要的是从表层的现象中发掘到深层的灵感。

管理者，还是领导者

求解：

有一次听老师讲，决策者理性多一分，风险就会少一分。您说对吗？

点睛：

真正的领导者，保持理性，也相信灵感，所以敢于冒计算过的风险。

我们常说管理者与领导者有差别，我想最大的差别应该是对待风险的态度。

管理者"生于安乐"，对于风险，他们的关键字是"防范"。俗话说"打江山难，守江山更难"，为了守住公司的大好河山，管理者们天天拿着小算盘精打细算，非常理性。

而领导者则"生于忧患"，对于风险，他们的关键字是"挑战"，往往有着"不入虎穴，焉得虎子"的气魄。挑战风险，并不只是冲动，而是要在保持理性的同时，也相信灵感。所以，真正的领导者，敢于冒计算过的风险。"股神"巴菲特就是这种人，失败了，损失在计划内；成功了，收获在计划外！

常言道：两利相权取其重，两弊相权取其轻。道理大家都知道，但想要做到，仅仅有管理者的理性还不够，更多的需要领导者的灵性。

肥胖绝非健壮

求解：

您为什么说不追求快速地成长，只追求健康地成长？快速成长有什么不好？

点睛：

肥胖绝非健壮。企业一味追求快速成长，最终会导致一身虚胖。虚胖的企业会损寿，健美的企业才能长生。

当年拿破仑一句"不想当将军的士兵不是好士兵"，如今竟成了各路企业英雄的座右铭，个个都在喊"我们要做大做强"的口号。做大做强好不好？当然好，但是还要从实际出发。若一味贪大图强，最终导致的将是一身虚胖，而虚胖者当然损寿。

比如江龙纺织，纺织路走得还不错，偏偏想上天入地。于是印染也做，贸易也做，结果是"一身虚胖"。唐龙针织，也跟着盲目扩张。贪大图强，两龙最终变成了"两虫"。

现在回过头想想，"做大做强"是企业发展的唯一目标吗？当然不是，"做精做专""做长做久"也行啊，好企业可都是陈年佳酿，底蕴深厚的才会更醇香。

鱼与熊掌不可兼得

求解：

电视剧《士兵突击》里，钢七连有一个口号叫作"不抛弃，不放弃"。我觉得这也是企业家精神，您说是吗？

点睛：

优秀的企业家要考虑攻占哪座城堡，伟大的企业家还要考虑放弃哪座城堡。

军事学家约米尼说得好："乘胜进攻，有血气之勇就够了；而失败退却，却需要真正的英雄。"打仗如此，做企业也是如此。所以"不抛弃，不放弃"这个口号，最多只说对了一半。优秀的企业家要考虑攻占哪座城堡，伟大的企业家要考虑放弃哪座城堡。

当年的万科王石很有英雄气概。别人都说"不要把鸡蛋放在同一个篮子里"，王石偏不，还把原本放在其他篮子里的鸡蛋捡了回来，多元化不干了，单做房地产。之后这个在篮子里孵出了很多"小鸡"，王石每天忙着捡"鸡蛋"。

正所谓鱼和熊掌不可兼得，不懂得放弃，只会让自己手忙脚乱。

毕竟一心能二用并且用得很好的人屈指可数。所以，你可以去考虑攻占哪座城堡，也可以学学当初的王石，想想放弃哪座城堡，甚至放心放手地闭关修行两年，有何不可？

走不过去的可以绕过去

求解：

做企业总有过不去的坎儿。我曾请教过一位老师，他告诉我过不去，就停下来积蓄力量，等待机会。您说还有别的办法吗？

点睛：

走不过去的，可以绕过去；绕不过去的，可以跳过去。

《易经》说"穷则变，变则通。"可是很多人"穷而不变"，或是"变而不通"。出现这种状况，归根究底还是因为不会"变"。那么我们该怎么"变"？走不过去的，就绕过去；绕不过去的，就跳过去。

还记得那个蜜蜂在瓶子里找出口的故事吧？从瓶底飞不出去，却不知道从瓶口飞，坚持着"有光的地方就有出口"，是典型的"穷而不变"。

孙正义就懂得迂回战术。搞精益生产，比不过丰田；搞创新，比不过索尼。别说走不过去了，绕都绕不过去，孙正义是怎么做的？跳过去！他直接跳到了互联网行业，来了个空中穿越！

看到了吧，为将之道，第一位的不是勇，而是智。狭路相逢勇者胜，勇者相逢智者胜。你是勇者，还是智者呢？

前面未必安全,最后一定危险

求解:

我们行业的老大总是出问题,枪打出风头鸟啊。那么在行业中排在什么位置最好呢?

点睛:

市场竞争如同攀登珠峰,最前面的未必最安全,但最后面的一定最危险。

商业是条危机四伏的跑道,各种企业就是运动员。你跑在前面未必安全,但跑在最后一定有危险。

为什么?就好比登山,你走在最前面,那你将是第一个登上顶峰,观览胜景的。但是如果不小心飞沙走石,那第一个遭殃的也是你。大雾中的领跑者总是第一个掉进下水道,不是吗?

再看登山队伍最后的那个人,有时候出了意外大家都不知道,等到山顶集合的时候,才发现缺了一个人,恶劣气候下,怕是早就冻死在山下了。再比如一群羊,听到狼来了就撒丫子疯跑,最后哪只会是狼的美餐,想必大家都知道了吧。

所以说，跑在最前面的结局有多种可能，但跑在最后面的结局就只有一种，那就是成为强食者的弱肉，是被社会淘汰的对象！所以要赶紧跑，不然的话，后果你知道。

钢的领导衍生铁的执行

求解：

定计划的时候没有疑义，但执行中总出问题，我需要换一批有执行力的人吗？

点睛：

执行频频出问题，别总纠结在执行上。没有铁的执行，是因为没有钢的领导；没有优秀演员，是因为没有卓越的导演。

如果你发现员工经常在执行任务时出现问题，而且还不止一个员工如此，你还会觉得是员工的问题吗？

如果说你的员工都能高屋建瓴，那凭什么当领导指手画脚的那个人是你而不是他？钢的领导衍生铁的执行，执行错漏，往往是因为领导不力。"一战"的时候，突尼斯境内的美军被德军打得节节败退。为鼓舞士气，巴顿接管了这支队伍，进行了强有力的整顿。短短十几天，这支队伍就焕然一新，在之后的战役中，每战必捷。同样是一支队伍，不同的领导，战斗力大相径庭。这说明了什么？

同样，娱乐圈经常有演员被骂演技差，但是实际上他也出过不少好作品，如果你细心观察就会发现，他的每部好作品都有一个共同点——优秀的导演。往往优秀导演对剧本和演员的要求都很严格，对剧情演绎指导非常到位，演员自然也演得好。看看《辛德勒名单》《E.T.》《战马》等影片，每一部都好评如潮，堪称佳作，为什么？因为导演是斯皮尔伯格啊！

　　瞧见没，想让员工有铁的执行，你就得是钢的领导；想要演员出优秀的作品，你得是优秀的导演！

高手过招,两手都要硬

求解:

有人说,做企业要眼观六路;有人说,做企业要目光专注。怎么做才是对的呢?

点睛:

起跑前,要瞻前顾后,否则会心中无数;起跑后,要锁定目标,否则会分心过度。

商场就像运动场,各大企业家就像运动员。起跑前要瞻前顾后,起跑后要锁定目标。

起跑前为什么要瞻前顾后?就是要摸清各个竞争者的身手,知己知彼,才能百战不殆。不仅如此,还能在瞻前顾后、左顾右盼的过程中观察对手会不会有小动作。凡事不怕一万,只怕万一。明枪虽易躲,暗箭却难防。瞻前顾后一番,才能防患于未然。

起跑后就要锁定目标了。赛跑的目标就是第一个冲向终点,锁定这个目标才能使出浑身解数。要是大家都在拼命跑,你却还在瞻前顾后,会分心不说,搞不好还会犯规。到时候一个犯规出局,就再也无力回天了。

企业家作为运动员,同样要审时度势,摸清对手的短板,才能对准对手的软肋将其一招擒住,但前提是要防止意外。瞻前顾后防意外,锁定目标冲第一。两手都要硬,才能旗开得胜。

问题之门可能是机会之门

求解：

企业发展中遇到了许多困难，是转型，还是升级，还是收兵不干了？如果收兵，该怎么收？这些问题一直困扰着我，希望得到您的指点。

点睛：

遇到困难不是问题，把困难变成困扰才是大问题。平心静气地面对，问题之门可能是机会之门。

每家企业在发展的道路上都会遇到各种各样的困难，这是最正常不过的。不正常的是：本来遇到困难不是问题，有的人偏偏把困难变成了困扰，于是就出现了大问题。

而这个制造大问题的始作俑者便是我们的企业领导者。为什么？因为企业困难的解决很大程度上取决于领导者的水平。高水平的领导者，不动声色就能将困难解决；而低水平的领导者"太有本事"，会把困难变成困扰，使得难题更加复杂化。

说得形象点就是：困难是矗立在我们面前的一座山，只要有毅力就可以翻越过去；困扰却是我们脚下陷入的一片沼泽，越挣扎就越无法自拔。低水平的领导者在"翻越高山"的时候，一不小心就带着团队掉进了沼泽。不但不能冷静求救，反而只会把自己折腾得筋疲力尽，最后陷入了泥淖之中。

所以，遇到困难，不妨静下来分析思考，急得像热锅上的蚂蚁似的反而会胡思乱想，徒增烦恼。庸人为何成为庸人，因为庸人自扰！

"杀人游戏",还是"拉人游戏"

求解:

在我所处的行业中,我们公司算是公认的老大,但总是会遭遇同行小企业价格和产品方面的恶性竞争。有没有一把屠龙刀,能够彻底解决竞争对手?

点睛:

竞争者玩的是"杀人游戏",竞和者玩的是"拉人游戏"。

纵观企业发展的历史,不难发现:企业之间的竞争开始由"杀人游戏"转为"拉人游戏"了。

拿家电行业来说,早些年竞争极其惨烈,许多家电企业争先恐后上演"破产热",企业家们玩的是"杀人游戏"。可是商场的"杀人"跟战场上的"杀人"不大一样,战场上是"人死不能复生",商场上"死而复生"的可不在少数。竞争者们斗得死去活来,最后还是不能彻底打败对方。有些企业在竞争之后成为行业老大,可仍避免不了那些"杀不死"的同行小企业的恶性骚扰。

与其跟这些杀不死的竞争者进行拉锯战,不如吃掉他们,为己所用。于是又掀起了一股"并购风",此时企业家们玩的是"拉人游戏"。国美并购了永乐和大中,苏宁并购了 LAOX……如果并购得好,则如虎添翼。比如微软正是通过 45 次并购,才成为软件业的霸主。可见,对付那些打不败的企业,吃掉它是比较好的选择。

商界处处是竞争,对付不同的对手,得用不同的招数。没打败它,你就多了一个敌人,为自己的发展埋下了隐患;不如并购它,增强自己的能量。但是要注意:不能逞强,不然它很有可能会成为压死你的稻草,那就得不偿失了。

03
用人的智慧：
领袖的本事，是让部下当英雄

从驾驶舱到智慧塔

求解：

　　企业小的时候，转弯掉头容易得很，企业规模大了以后，活动就不那么灵活了，领导转过来了，团队却转不过来。该不该把大企业变小呢？

点睛：

　　管理一架飞机，你可以做驾驶员；管理一百架飞机，你必须做地面指挥系统。

　　给你一架飞机，驾驭它的好方法就是当驾驶员，这样可以迅速熟悉、操控飞机的各个部件。但如果给你两架、三架，甚至是一百架飞机，你就会分身乏术了，这时候你必须从驾驶员的位置上退下来，从飞机驾驶舱回到地面指挥塔，去为那一百架飞机导航。

　　也就是说，给你一个微型团队，你可以亲力亲为。你可以告诉每一个成员他们应该做什么、怎样去做。甚至当他们做得不好的时候，你可以亲自去做。

　　但如果给你一个巨型团队，这种亲力亲为的方式就明显不行。此时的你应该像古代的王者一样，把"土地"分给各"诸侯"去打理。你要做的是拿好手里的指挥棒,哪个"诸侯"有问题就点哪里,so easy(很轻松)不是吗?

总的来说,作为管理者,因为团队的大小会有不同的职能。小团队里,有些时候需要你"御驾亲征";大团队里,你更多的是指引航向,而不是充当队员。

强大只敬佩伟大

求解:

做强企业必须用强人,我也知道是这么个理,可是找来找去,都没有合适的人。我该怎么办?

点睛:

强大只敬佩伟大,强者只追随超级王者。你身边没有强者,只因为你还没有达到那个量级。

做过管理工作的朋友,相信你们也会有这种感觉:超越别人一点点,别人就会挑衅你;超越别人一大截,别人就会景仰你。

为啥?因为人都有一颗不轻易服输的心。就好像考试,别人要是只比你高个一分两分,你肯定会不服气:不就是一分两分,这次侥幸被超过了,下次肯定扳回来。但是如果每次考试他都超过你一大截,你心里肯定又是另一番光景:这家伙怎么那么厉害,每次都考这么高分,我要向他学习学习。

职场上也一样,人往高处走。员工之间的钩心斗角是怎么来的?不服气呗!你的创意也没比我好多少,凭什么经理就选了你的?反之,你做得确实好,别人没想到的你都想到了,大多数人都认可你。你就会发现挑衅者少了,追随者多了。

旁敲侧击一下,如果你身边的人都是弱者,那只能说明你顶多是强者;若你身边的人都是强者,那就说明你是超级强者了。

诱之以利不如诱之以梦

求解：

　　这几年企业高速发展，我们开始高薪挖人，结果挖到的人拿了高薪，不是对不起工钱，就是"习惯性流产"，问题出在哪儿呢？

点睛：

　　你解决了员工物欲的满足，没有给予员工灵魂的快乐，那就别说你是当领导的，你只不过是个喂猪的。

　　企业家常常会有这样的困惑：高级技术人才很难留得住。现在招纳贤才的常见招数就是用高薪引诱，可一旦别家更满足贤才的梦想，贤才就会跟着人家跑了。

　　为什么？因为你只给了贤才物欲的满足，却没有给予他们灵魂的快乐。怎么给予他们灵魂的快乐呢？简单点说就是得让他们觉得在你这里可以实现梦想。诱之以利，不如诱之以梦。

　　让我们来看看当年马云是怎么挖人的。高薪？非也，他自己也就个"万元户"，没那么多钱；高官？非也，阿里巴巴当年就是个小公司，CEO 和 CFO 有啥区别？那给什么？马云想到了：给梦，让别人和他一起做美梦，实现美梦。这方法还真是奏效，"阿里巴巴十八罗汉"就是这样来的嘛！

所以，别老想着用高薪挖人，解决物欲而不给予快乐，说白了，那不叫当领导，而是一个喂猪的！想留住贤才：诱之以利，不如诱之以梦，还得诱之以美梦。

人才并非全才

求解:

总找不到合适的人,要么有策划力没有行动力,要么有行动力不会带队伍。我该怎么解决呢?

点睛:

人才并非全才:一个思考力方面的大腕,很可能是行动力方面的白痴。

金无足赤,人无完人。人才也并非全才,一个思考力方面的大腕,很可能是行动力方面的白痴。找不到完人太正常了。

马谡一会儿以惊人的洞察力献计破南中,一会儿以精巧的算计,献计反曹睿。是个难得的人才吧?然而人才并非全才。马谡是个好谋臣,但亲临战场,难免经验匮乏,加上一股子傲气,弄出个街亭失守也是难免的。

职场上也一样,人才多如牛毛,全才凤毛麟角。想要招纳个职场"万金油",那叫一个难!如何弥补人才的不完美呢?很简单,分工合作。俗话说"一个萝卜一个坑",还不能让白萝卜占了胡萝卜的坑。各司其职，才能人尽其才，团队才能好好运行。

有谋的军师加上有勇的武将，才能打出漂亮的胜仗。思考力方面的大腕加上行动力方面的大腕，不就完美了么！

从明星转型到教练

求解：

我是做销售出身的，现在自己做了老板，请了一些人手，可好多时候我不出面，许多事情就搞不定。我该怎么办？

点睛：

普通人的"球"是工作，领导者的"球"是团队，卓越的组织需要领导者从明星转型到教练。

大家都说给别人打工很累，要自己当老板。可有的人当老板比当员工更累。为什么？他们虽然请了一批人给自己干活，最后许多事情却还是得自己来解决。这种老板，当得真辛苦！

这说明了一个问题：老板的能量还不够。想当好老板，就得有当老板的本事。好比足球运动员，没有当教练的本事，不如好好当球员。

足球教练穆里尼奥，几乎没怎么上过场踢球，可他有当教练的本事。当了教练之后，各种冠军拿得不亦乐乎。马拉多纳是"20世纪最佳球员"，赫赫有名，当年他连过5人踢进一球，迄今为止都是足球史上最漂亮的进球之一！可是他担任阿根廷队主教练时，阿根廷队在南非世界杯淘汰赛中惨败德国，真是让人大跌眼镜！

所以，想当教练，还得有教练的本事。你是最佳员工，有可能也是最差老板；你是先进个人，也有可能带出垫底团队。

查一查感情账户

求解：

一些经理人工作推行不力,他们抱怨是因为没有权力,但是给了他们权力,下面员工还是不听他们的,这是为什么呢?

点睛：

领导有权力没有威信,通常是情感账户出了问题。要想取款,必先存款。

管理学中的"二八法则"我们已经耳熟能详了,但是许多领导却不会运用这一法则。别人当领导是二分权力,八分威信,他们却是个"倒二八",二分威信,八分权力。这样当领导,显然是不能服众的。

为什么?团队的执行力很大程度上要看领导者的威信。有威信的领导者,不怒自威,决策部署往往很容易得到贯彻落实;没有威信的领导者,怒而不威,权力再大也是徒劳,没有人去好好执行。

那么,领导者为什么没有威信呢?通常是情感账户出了问题。情感账户是员工给你开通的,你每一个决策的执行都是在取款,能取出来多少取决于情感账户里的存款数量。是巨额存款，决策的执行效果就超乎寻常；是小额存款，决策的执行效果就是正常；是零存款，决策的执行效果就马马虎虎；是账户欠费，就没人陪你玩了。

要当好领导？赶紧"存款"吧！

快手加高手，才有左右手

求解：

我创办企业整整 10 年了，企业越发展，越觉得自己不会干了。有人说要请顾问，不知道顾问和我们这些人有什么区别？

点睛：

好老板是快手，好顾问是高手。快手擅长抓牌，高手擅长出牌。快手加高手，才有左右手。

好的老板是快手，眼快手快，善于挖掘人才和抢占先机，但有时候快而不准，会造成资源浪费；好的顾问是高手，精打细算，擅长分析利害和出谋划策，但有时候准而不快，会错过良机。

就好比聚餐，上了一大桌菜，老板想着填饱了肚子再说，专家想着怎么吃才有营养，而顾问呢，想着既要吃饱还要吃得有营养。结果是老板吃得饱，专家吃得精，顾问吃得好。吃得精却没吃饱，吃得饱却没吃好，都有遗憾。

好的老板是不想留下这样的遗憾的，就好像抓得一手好牌却打出了中等甚至下等的成绩，为什么？出手太快了：四个 2 带两个王出了！这不是发蒙么，所以还得请高手来支着儿。经过好顾问一点拨，快手变妙手，冰雪皑皑变成春暖花开了。

想打出漂亮的牌局，需要快手，也需要高手。快手负责抓牌，高手负责出牌，又快又准，赢得个"大满贯"！

学会领导的第一步是学会服从

求解：

什么叫各司其职？我的总结是：上级学会领导，下级学会服从。请老师点评。

点睛：

领导和服从这两种本事没有办法分开，学会领导的第一步是学会服从，学会服从的第一步是理解领导。

领导与服从看起来好像是对立的两个概念，但是翻开历史我们不难发现：但凡是卓越的领导者，都是优秀的追随者。

刘邦最初只是项羽的小跟班，后来却超越项羽成了开国皇帝；朱元璋也曾是俯首帖耳的小兵小卒，最后成了君临天下的明太祖……这样的例子比比皆是。为什么这些人之前要追随别人呢？因为当时他们当领导的资本还不够！

怎样完成领导资本的"原始积累"呢？历史告诉我们，有一条路必须走：学会追随领导，服从领导。原因很简单：在追随和服从的过程中能够学习和提高，此为"积累资本"；利用领导的各种资源，可避免白手起家浪费精力，此为"巧借东风"；在工作中展现自己，可获得别人的好感与信任，此为"形象工程"。

　　如此一来，实力有了，资源有了，形象也有了。照照镜子，这不就是活脱脱的一个领导嘛！

伯乐也会看走眼

求解：

怎么考查都找不到毛病的人，用起来就出了问题，看人总是看走眼，我该怎么办？

点睛：

看不准一个人的时候，看他的家人；看不透一个人的时候，看他的朋友。

选人才就像交朋友，交得好，叫志同道合；交得不好，就成了臭味相投了。你作为选人才的"伯乐"，是与"千里马"志同道合，还是与"癞蛤蟆"臭味相投，这要看你的眼力！

有人相马常常看走眼，结果拉回来了一头驴。曾经的索尼公司就是这么一个看走眼的相马师。1989年，索尼公司并购哥伦比亚公司，砸重金请来了彼得斯——一个低学历的发型师和古伯——一位高学历的败家子。结果这两位"稀有人才"整天不务正业，挥霍无度。

作为企业的"伯乐"，如何才能不看走眼呢？我的看法是，看不准一个人的时候，看他的家人；看不透一个人的时候，看他的朋友。

为什么?物以类聚,人以群分嘛。摸清了他身边人,他有几斤几两你还称不出来?

差劲的部下总有更差劲的领导

求解：

团队的执行力很差，员工的素质不高，每年的培训也不少，但总是不见效，这是怎么回事？

点睛：

在一群很差劲的人后面，总能找到一个更差劲的领导。在一群很成功的人中间，总能找到一个更成功的领导。

在一群很差劲的人后面，总能找到一个更差劲的领导。在一群很成功的人中间，总能找到一个更成功的领导。在一个团队里，领导往往是好与差的两极。领导有方，你的团队风生水起；领导无方，你的团队每况愈下。

作为一个领导者，你的团队做得很差，如果要追究责任，那么被追究责任的人就是你。风靡了130年的胶卷帝国柯达倒下了，为什么？因为都已经到了数码时代了，柯达的领导者还在坚守胶片阵地，忘了与时俱进，最后不得不申请破产！正所谓"兵熊熊一个，将熊熊一窝"，将军都不给力，还能指望士兵能奋勇御敌吗？

你的团队做得很好，领导者的功劳自然不会被埋没，因为人们会记下领导者的成就。GE（通用电气）大名鼎鼎，成为全世界企业学习的楷模，人们由此记住了一个人的名字：杰克·韦尔奇！

所以，作为领导者，你无须躲避，你的失败不在下属身上，而在你自己身上；你也不必争功，你的功劳不在你身上，而在下属身上，他们的成功才是你最大的成功。总之，承担责任的人是你，享受成功的人自然也是你！

把常人变成英雄才是领袖

求解：

您曾说，企业家要从英雄变成领袖。那么英雄和领袖有什么区别呢？

点睛：

什么是英雄？什么是领袖？做常人不能做的事，那是英雄；把常人变成英雄，那是领袖。

中国人历来崇尚英雄，比如关羽、张飞等，一直在被人们传颂。但人们却不知令他们变成英雄的人更重要。

孙悟空是个"打架大王"，抢了龙王的定海神针，搅了王母的蟠桃盛会，打了玉帝的十万天兵，还与如来佛祖斗法……最终被压在五指山下。

碰上这种"离经叛道"的主儿应该怎么办？摒弃之？不如善用之！唐僧就知道怎么善用孙悟空，你不是喜欢"打架"么，这取经路上的妖魔鬼怪都交给你去收拾。最后，打架打出了名堂，孙悟空成了斗战胜佛了。

看出来了吧，英雄和领袖有什么区别？就是孙悟空和唐僧的区别——领袖懂得支配英雄的力量。所以，企业领导要让出用武之地，不要和下属抢着做英雄。学会领袖统驭之道，还怕没有英雄来卖力卖命吗？

弯路即是风景

求解：

这些年，风风雨雨地走了不少弯路，怎么才能少走弯路呢？

点睛：

执迷不悟，风景就是弯路；恍然大悟，弯路即是风景。

说到"执着"，这是个很虚的词儿，它会变魔术。在错误的道路上，它的名字叫"固执""顽固"；在正确的道路上，它又叫"坚持""坚定"。

柯达够执着，可是走了错误的道路。当年柯达的员工发明了数码相机，可是柯达心里只容得下胶卷，数码相机被"打入冷宫"。然而数码的威力太强大了，胶卷相机招架不住了。柯达该醒悟了吧？没有！胶卷相机不搞了，胶片还在继续做！终于，在数码的强压下，这位胶卷巨人倒下了，看着日新月异的数码相机，也只能是"执手相看泪眼，竟无语凝噎"了。这不就是执迷不悟，风景变成弯路吗？

雅昌也执着,他们执着于探索新道路。面对迷雾缭绕的发展之路,这个搞印刷的企业冥思苦想:传统印刷?这座独木桥太挤了!什么才是阳关大道呢?他们走出了"印刷+艺术+IT"的发展之路,妙啊!与时俱进的同时还创新了一番!雅昌不执着于印刷业,而是执着于领悟,不就是"恍然大悟,弯路即是风景么"?

有句古诗说得好,"山重水复疑无路,柳暗花明又一村"。我想说的是,你若执迷不悟,山重水复疑无路;你若恍然大悟,柳暗花明又一村。

别在蚊子腿上找肉吃

求解：

近些年,"细节"成了一个时髦的词,我看《细节决定成败》一书有七八个不同的版本。那么,细节研究过了头会出问题吗?

点睛：

过冷是有病,过热也是有病。专门在蚊子腿上找肉吃的人,也最容易放过大象。

过冷过热都是病。说执行重要,大家都来讲"赢在执行";说细节重要,大家都一窝蜂地去关注细节。殊不知,专门在蚊子腿上找肉吃的人,也最容易放过大象。

专门在蚊子腿上找肉吃的人,采用的是蝼蚁的视角。注重小节,凡事亲力亲为,让下属无事可做。相反,着眼大战略的人领导的企业,下属该干啥干啥,上令下行,步步到位。

一个人同时具有两种视角容易吗?很难。所以,在一个领导团队的分工中,要有专长的互补。既要有鹰的高瞻远瞩,也要有蝼蚁的事无巨细,而且是上粗下细,那才叫完美!

人生如歌，命运只为你谱曲

求解：

听一位研究《易经》的老师讲：一命二运三风水，命运是人生成败的关键，您怎么看？

点睛：

人生如歌，命运只是为你谱曲，而你需要自己填词，自己歌唱，还需要让别人加入合唱。

法国诗人维尼说："平凡的人听从命运，只有强者才是自己的主宰。"是的，命运并不能决定一切，每个人的人生都有极大的创作空间。失去双手的人能用双脚写出一"脚"好字，失聪的人也能成为伟大的音乐家。试问，命运真的能决定一切吗？

答案当然是否定的！人生如歌，命运只是为你谱曲。你想要拥有一个丰富的人生，还需要自己填词，自己歌唱，既要唱得雄壮激昂，还需要让别人加入合唱。在整个人生中，你并不是一个单一的角色，你可以通过自己的主宰，来解开命运给你带上的"紧箍咒"。你想成为智者，就要作词；你想成为英雄，就要领唱；你想成为队员，就要合唱；你想做观众，就要静听；你想成为领袖，就要指挥。选择不同的角色，就要有不同的行为，怕就怕定位和行为"错位"。

命运就是这么回事儿，你若信它，它就会主宰你；你若不信它，你就会改变它。

输血不如造血

求解：

我们这个行业高薪挖人成风，都说培养人才不如去挖人才容易。这种现象应当怎么看？

点睛：

人才是企业的血液，不成熟的企业靠输血，成熟的企业靠造血。

有的企业家在开员工大会的时候总是不忘强调："我们要不断引进人才，为我们的企业注入新鲜的血液，增强活力……"我想，这是不成熟的说法。

如果说人才是企业的血液，那么到处去挖人才的企业实则就是在输血。需要输血说明你的身体处于非正常状态，再有，输过来的血也未必是合适的，也许血型不相符，还有可能带有病毒。总源沙拉油公司曾是中国台湾最大的食用油加工企业，后来从日本挖来了一个总经理来管理公司，结果连续三年亏损，这血是救命的还是要命的？

事实上，并不是挖来的人才不行，而是一个成熟的企业不应该只靠"输血"存活，应该自己来"造血"，这样才更安全可靠，还有利于"骨髓"的新陈代谢。另外，挖来的人才也容易被挖走，企业不如自己培养人才，既不怕人才不足，也不怕人才流动。GE、IBM、华为，都有一流的企业大学，其实那就是造血器官：他们有的是后备力量。后备人才源源不断，企业自然生生不息！

打成功的包票等于欺骗

求解：

我在校园招聘时讲了企业前景也讲了企业的困难，但是听了企业的困难后，有些人就打了退堂鼓。我发现有些只讲前景美好的企业，更容易吸引人，您说是吗？

点睛：

组织要讲前景，但是对梦想的描绘过于美好，信誓旦旦地告诉别人一定会成功、绝对不会失败的人，本质上不是引导而是欺骗。

我们常说组织要有目标，要有梦想，才能有凝聚力，才能引领众人成功。毫无疑问，这是对的，因为没有梦想就没有前进的方向，自然也就无法成功。

但我们还是要记住，对梦想描绘得过于美好，信誓旦旦地告诉别人一定会成功、绝对不会失败的人，本质上就是欺骗。有些搞教育培训的机构，为了吸引学生，打的广告语都是"报读我们，保你上清华北大"之类的，都是骗人的！企业招纳贤才或者吸引客户也一样，别把自己包装得过于华丽，给别人太多的希冀，若不能让人满意，那就是华而不实，就是欺骗。

巴菲特也曾在《巴菲特致股东的信》中说："这些美好的远景会让投资人不顾现实经营的情况，而一味幻想未来可能的获利美梦。"是的，巨大的期望之后，跟着的就是巨大的失望。

那些传销组织和非法集资团伙都有这样的特征：一个骗子领着一群疯子。而疯子中也有几个真的"成功"了，只不过是他们也变成了骗子。

情商低的主要症状

求解：

我表达力很好，喜欢与人交流，但有人在背后说我是低情商。有什么最简单的方法能判断情商高低吗？

点睛：

在交谈中，你垄断了三分之二以上的发言就是低情商的主要症状。

能言善辩、侃侃而谈，常被人看作是口才非凡的表现。但口才却并不等同于情商。事实上，口若悬河从来都不是高情商的必备条件，不是有句话叫"言多必失"吗？

如果你是一位优秀的演说家，当然需要优异的互动能力和语言表达能力。但在与人交谈中，如果你垄断了过多的发言，那只能说你连什么是交谈都不懂，情境都分辨不清，情商也高不到哪儿去。

说与听，用哲学的观点叫作对立统一。与人交谈，除了要发表自己的观点，还有一个非常重要的方面，就是听——听己听人。不仅要善于抓住他人发言的核心、对方讲话的意思，而且听中也能起到温习和自省的作用，所以有时听比说更重要。

此外，听也等同于尊重与谦虚，是为人低调的表现，过于旺盛的表达欲往往给人急功近利、自我中心的反感印象。如果连自己的位置都摆不正确，谈情商就实在有点可笑。

善于倾听，不是说要一言不发，而是要适时适度适量。三言两语就能起达成四两拨千斤的效果，这才是高手。

老板有所为有所不为

求解：

我认为关爱员工，就不能让一个员工掉队。我三年没有辞退过一个员工，可是有些人不但不感恩，反而越来越不自觉。难道是我做错了吗？

点睛：

我们有救世的情怀，但我们不必把自己看成救世主。真正的领导者清楚自己的责任无限，而自己的能力有限。有些人，佛都难度，你应当救可救之人，救可救之世。

"天塌下来了，怎么办？"很显然，即便是最伟大的领导者，对此也无能为力。我们都有较高的道德情操，都有救世情怀，但是我们不必把自己看成是救世主，因为我们的能力有限。

真正的领导者都非常清楚一点：自己责任无限，但能力有限。有句话叫"君子有所为有所不为"，领导者也应当如此，锁定可为而为之，放弃不可为而不为。

什么是"可为"？即能力之内的事。企业中，领导者担负着整个企业生死荣辱的重任，所以应当从整体出发，把握企业运营的大势，而不是对企业的所有事情都事无巨细面面俱到，尽善尽美。什么是"不可为"？即能力之外的事。比如某些员工经常犯同样的错误并且屡教不改，不妨放他去别的地方历练。有些人，佛都难度，更何况我们都是凡夫俗子。又比如某项目进入了死胡同，后路也断了，即便痛心也要放手，因为它无可救药。

只有抓住"可为"，用自己的力量努力为之，并且放弃"不可为"，才能在有限的能量中获取最大的成功，否则等待你的将是一事无成。

给自己找一个"黄金搭档"

求解:

有人说,伟人不拘小节,领袖不追求完美。您赞同这个观点吗?

点睛:

领袖可以不追求完美,但大刀阔斧的领袖一定要配上精工细作的搭档。

有雄才伟略的人失败在一个细节上之后,专家们提出了"细节决定成败"一说;而有些人关注细节也失败了之后,专家们又提出了"既关注大象,也关注蚂蚁"一说。于是,智者笑了。

为什么?既关注大象,也关注蚂蚁,智者知道这既不可能,也实在没必要。你擅长谱曲,那你可以找擅长作词的人做搭档;你擅长出谋策划,那你可以找擅长执行的人做搭档。若一味追求个人完美,那结果必定是不完美。作为领导者,你可以不追求完美,但必须与追求完美的人搭档。

TCL的李东生是个热血勇士,但是他如果和一群热血勇士搭档,那就会出事。TCL进军国际化受挫，不就是最好的证明吗？所以这只重生之鹰归来之后，就找到了冷静绅士薄连明做搭档，李东生的胆子加上薄连明的脑子，TCL经营得越来越有面子了，这才叫完美！

经验告诉我们：你若是刘备，得找个诸葛亮做搭档才行。一个人拼命追求完美，那就是虐待自己，找个搭档再拼完美，那才是善待自己！

人才如刀，藏其拙不如用其锋

求解：

下属的缺点和优点都很突出，是该让他们扬长补短好呢，还是扬长避短好？

点睛：

如果说人才是一把好刀，那么优势是他的刀锋，劣势是他的刀背。明智的人要做的，不是要把刀背磨薄，而是用好刀锋。

追求完美，是人性；追求别人的完美，更是天性。但问题是优点和缺点是相互依存的，也就是说，优点的突出往往和缺点的突出有关。比方说，性格比较急躁的人做事情就雷厉风行。爱钻牛角尖的人往往钻研能力很强。你把他变成慢性子，且不说很难，就是把他变成不急不慌的人，他做事情就再也看不到快手快刀的风格了。你把他爱钻牛角尖的"毛病"改了，可能他从此就失去了与众不同的创意。

让剑走偏锋者回正，让有棱有角者变圆，结果往往是补短弃长，在不知不觉中废掉了人才的优势。

人才就像一把好刀，优势是刀锋，劣势是刀背。拿着刀背砍别人，很有可能自己为刀锋所伤。明智的人会用好刀锋，而不是磨薄刀背。与其没完没了地和下属的缺点较劲，倒不如痛快淋漓地发挥他们的特长。刀锋用得对的地方，刀背都是力量。

事业辉煌，个人平淡才是牛人

求解：

很多老板天天上电视、写文章、做演讲，名气很大，企业却做得很差。这个问题您怎么看？

点睛：

企业很烂，个人很炫，不过是"鸟人"；事业辉煌，个人平淡，那才是牛人。

现在有越来越多的企业家纷纷在为自己的企业代言。然而，企业家能不能担起为企业代言的重担，确实是个值得思考的问题。

企业家为企业代言，会出现两种可能性：第一种是企业家把自己包装得很好，企业却经营得一塌糊涂。这种企业做得低调，个人做得高调的企业家，不过是个"鸟人"。

第二种是企业家把企业做得风生水起，而自己却退居幕后。这种企业做得高调，个人做得低调的企业家，才是牛人。就像任正非，企业做得响当当，个人却是躲在幕后苦修内功。这样的企业家，不鸣则已，一鸣惊人！

所以，经常在荧幕上四处亮相的企业家们，不如静下心来，珍惜时间去练练内功，那样才是最好的代言。

不上榜的可能是牛人

求解：

现在各种各样的评比、排名越来越多，不少企业家可谓名利双收。您对企业家争当首富、首善怎么看？

点睛：

企业家不必在财富榜上争名次，更不必在慈善榜上争名次。有时候榜上排出来的是名人，榜上没有排出来的才叫牛人。

就像学生考试时的光荣榜一样，也有一些"考试"针对着企业家，比如一年一度的财富榜、慈善榜等。排在前几名的往往成了明星企业家，成为各大媒体吹捧的对象。

其实企业家们不必像学生一样，为了荣誉而在财富榜、慈善榜上争名次。争得头破血流，榜上有名又能怎样，不过是出来晒晒太阳，成了声噪一时的名人。而没上榜的人，养精蓄锐，才会是最后的赢家。

所谓："木秀于林，风必摧之；堆出于岸，流必湍之；行高于人，众必非之。"早在三国时期的李康就已经告诉我们，不要让自己成为众矢之的。《孙子兵法》中也有言:"善守者,藏于九地之下。"善于防守的人,会把自己的实力藏起来,使他人无法窥探。企业家也应该如此,低调内敛,把自己藏起来,才能避免成为别人关注和攻击的目标。

所以,企业家们不必为了虚荣而斗智斗勇,低调、克制、谦虚的企业家,才是真正的深谙治企之道,才是真正的赢家。

抓住他的梦,抓住他的痛

求解:

人才流失、客户流失让我很头痛,给钱、让利都做了,还是不行,是我没有抓到点子上吗?

点睛:

抓不住员工,抓不住客户,原因无非是两个:没有抓住他的梦,没有抓住他的痛。

许多企业家都有这样的困惑:为什么高薪挖来的人才总是留不住?原因很简单:山外有山,楼外有楼,总是有财大气粗的老板可以拿出更高的薪水。所以靠满足"钱袋子"来抓住员工并非长久之计。

企业要抓住员工的薪,更要抓住员工的心。要知道员工心里想要的是什么,也就是抓住他的梦:他想的是发展空间,还是归属感?还是快乐地工作?抓住他的梦,并让他跟你一起做梦。但这样还不够,还得抓住他的痛。就像在爱情中,没有经历过伤害和痛苦的人永远不会懂得理解和珍惜。在职场上,企业要让员工和客户懂得理解和珍惜，也得知道他们的痛，有痛点才会有需求，解决这些需求，员工才会珍惜现在的单位，客户才会珍惜现在的合作伙伴。

所以，留住员工、留住客户其实很简单。无非两条：抓住他的梦，抓住他的痛。而不是抓住他的手，抓住他的钱袋。

下属都牛，你才真牛

求解：

有些老板挺牛，经常说自己多么有远见、多么能干，骂下属多么笨蛋。您怎么看这样的老板？

点睛：

真正的领导，不说自己有多牛，而是说下属有多牛；总说自己有多牛的人，根本不算是领导。小概率算是牛人，大概率只是在吹牛。

真正的领导一般都不说自己有多牛，而是说自己的下属有多牛。这是谦虚的表现，更是睿智的表现。总说自己有多牛的人，更像是在吹牛。你一吹牛，上帝就会跟你开玩笑。

丰田说"我的质量无与伦比"，于是就出了个"质量门"；唐骏说"我的成功可以复制"，结果出了个"学历门"。你吹牛，事实就会跟你开玩笑，而玩笑的代价还很高。

自吹自擂实在有损领导范儿，有水平的人会巧妙地运用"抛砖引玉"，怎么巧妙？——抛别人的砖，引自己的玉。马云说坐在销售团队的身边最安心，哪个销售团队？阿里巴巴呗！阿里巴巴是谁的团队？马云的呗！所以最让他安心的还是他自己！

当然，我不是说非要依靠下属牛体现出自己牛，而是真正的领导者，自己牛不是真的牛，下属都牛，那才是真的牛！

把"空降兵"变成"子弟兵"

求解：

招来了"空降兵"，气走了"子弟兵"；没有"空降兵"，靠"子弟兵"又打不赢。我该怎么办？

点睛：

要把"子弟兵"变成"特种兵"，还要把"空降兵"变成"子弟兵"。双剑合一，打造特殊兵种。

我给许多家公司做过咨询，有个问题令许多企业家头疼，那就是人才问题。

我认为，人才分三种："子弟兵"，自家培养起来土生土长的人才；"特种兵"，很牛的人才，不常见；"空降兵"，外来的，比较牛的人才。面对这三种人才，许多企业家都是直接用"空降兵"。就像企业贫血了，往往不去养血造血，而是直接输血。为什么？因为输血不费劲，还能立即生效！不像"子弟兵"，要花大量时间去培养。但是，我们会发现"空降兵"也有一些问题。输血可能会导致其与体内血液产生凝血反应，还有可能会带来病毒。据调查，"空降兵"的成功率不足 20%，80% 的都会产生不良反应。

那该怎么办呢？我认为有两种解决方案：第一，把"空降兵"变成"子弟兵"。让"空降兵"从基层做起，不要立即给他重要的位置。等一切不良反应消除，他成了融入血液里的"子弟兵"之后，再让他大展拳脚，这样就不必担心他带来的负效应了。第二，把"子弟兵"变成"特种兵"，同时加大力度培养人才。这种方法安全有效，没有副作用。

上述说了这么多，相信企业家朋友们关于人才的那点小困惑也该迎刃而解了吧？

04
治理的智慧:
制度的河流,文化的风帆

心急吃不了热豆腐

求解：

　　企业不扩张会错失机会，扩张太快，管理又跟不上。我到底应该怎么办呢？

点睛：

　　一家优秀的企业为什么会在急速扩张中失败？表面上看是管理的失败，本质上是文化的失败。

　　有野心的老板都想把企业做强做大，一有扩张机会就不会放弃，不管是小鱼，还是慢鱼，都想一口吃掉，有时候甚至还想打鲨鱼的主意。这种"暴饮暴食"的做法最终会导致管理跟不上，一身虚胖，行走当然困难。

　　在急速扩张中失败的企业，表面上看是管理跟不上，其实是文化跟不上。急速扩张后员工势必会猛增，而员工数量的增加会让企业文化迅速"稀释"。为什么？因为任何事物的相融都要有一个过程，新员工有不同的理念，不及时让他们认同企业文化，就会让企业文化很快变质。

　　2008年，凡客诚品开始网上营销，效益出奇地好。三年之后，公司开始急速扩张，员工迅速增加到一万多人。扩张之后，公司各层级员工迅速出现问题：无所事事、心浮气躁、骄横腐败等。于是公司又开始了大裁员。

"心急吃不了热豆腐"，扩张不是不可取，而要在扩张的时候把握员工与文化的契合。团队作战，凝聚力很重要，不是有句话叫"不怕神一样的对手，就怕猪一样的队友"吗？扩张的时候，先收拾好自己，才能更好地收拾敌人不是？

固守成功＝自废武功

求解：

中华文化源远流长，在管理方面，《易经》《论语》到现在也不落伍。我们还有必要学习西方的东西吗？

点睛：

只继承不发展，精神财富也会贬值；只守成不创新，那不是孝子而是败家子。固守成功＝自废武功。

18 世纪，乾隆皇帝命令纪晓岚等人倾尽全力编撰《四库全书》，意在彰显中华民族的光辉思想和文化成就。

西方在 18 世纪有哪些成就呢？

科学技术方面：英国的瓦特，制成了一个"联动式蒸汽机"，从此西方进入了蒸汽时代；德国建成了首条铁轨，火车时代悄无声息地到来；美国在波士顿成立了个科学院，一群"没事儿干"的科学家正载着热气球到处飞。

社会人文方面：休谟提出了"人性论"，亚当·斯密提出"国富论"，卢梭提出"社会契约论"，提出人性自私、社会分工合作、利益至上。一群文人，如伏尔泰、莱辛、歌德等，对宗教权威提出质疑，还著书立说来给当权者"搅和添乱"。

  我们在固守成功、缅怀过去时，西方在学习创新，在探索奥秘发展。在后来与列强较量的惨败中，我们知道了什么叫自废武功。

  2002年，诺基亚推出了智能手机7650，"五个全球第一款"（第一款彩屏手机、第一款智能手机、第一款内置摄像头拍照手机、第一款滑盖手机和第一款五维摇杆手机）让诺基亚横空崛起。但是十年后呢？老大的幸福变成了落伍的痛苦。难道只是因为苹果的冲击？错！错！错！即使没有苹果也会有别的品牌，就算没有小米也会有大米：你没有自我提升，就是自废武功。

强者提升速度,智者更换跑道

求解:

这些年我的企业一直在加速发展,大家做得很累。但规模上去了,利润还是原地踏步,这是为什么?

点睛:

强者提升速度,智者更换跑道。与其提高发展速度,不如找到发展的捷径。

当大家都在同一个起跑线上的时候,想要当冠军,自然要跑得快。但是,当阻碍重重、速度受阻的时候怎么办?答案是找捷径。

企业赛跑时,跑得太快,有可能摔得更惨。事实上,跑得快不一定跑得赢,要在捷径上跑得快,那才叫真牛!那么,什么是捷径呢?答案是创新。海尔集团刚开始主打制造业,经济危机冷空气一来,被冻得不轻,哪还有力气跑!怎么办?果断换跑道,从冰天雪地的制造业转成阳光普照的服务业,从结果上看,那是多么华丽的转身!

事实证明,与其提高发展速度,不如找到发展捷径。就像带兵打仗一样,强攻不如智取,智取能赢得漂亮,还不怎么费力气。

能者持规，智者立德

求解：

在总裁班上，我学习了很多管理方法，什么反馈啊、回应啊、性格分析啊，可是用起来有时候灵，有时候却不灵，这些方法之间还互相打架。我该怎么办？

点睛：

小智治之以方，中智治之以法，大智治之以心。

我们通常说的"方法"这个词其实有两个层面的含义：方与法，技巧为方，规则为法。

有小智慧的管理者多半运用"方"——技巧来玩。遇到技不如你的玩家，你高兴了；遇到胜你一筹的玩家，你就蔫了。

有中智慧的管理者则多半运用"法"——规则来玩。其他玩家遵守游戏规则还好，但是很多时候，有的玩家会"出老千"，故意和你斗心眼，令你防不胜防。

可见，上述这两种玩法都不太好。有大智慧的管理者一般会尽量减少使用"方"与"法"，更多地用人心来玩。就像李嘉诚，把游戏规则运用到了极致。每一次游戏都不是你输我赢，更不是你我都输，而是你我双赢。于是每个玩家都玩得很爽，都不去破坏规则，因为大家心里都有个信念：跟着诚哥就一个字，"成"！

看到了吧，大智治之以心，这就是所谓的大道无形。

韧鱼吃躁鱼

求解：

　　大鱼吃小鱼，快鱼吃慢鱼。一慢就没了机会，是这个道理吧？

点睛：

　　光"快"还不行，还要懂得"韧"。违背规律地快速发展，欲速则不达。相反，如果有预谋地"慢"，却深得"韧"的精髓。

　　看看长跑比赛我们就知道：最先到达终点的人往往不是最先冲出起点的人，反而是有些开始跑得慢的选手，最后一举夺魁。

　　为什么？跑得越快，很有可能摔得越惨。想当年"博客中国"的名号无人不知无人不晓，如今却被人遗忘在沙滩上。为什么呢？因为跑得太快了。他们号召"一年超新浪，两年上市"，并开始了风风火火的大规模扩张，结果只有半年，在新浪、搜狐等高手的夹击下，迅速销声匿迹！很明显，不符合规律的快速发展，结果只会是欲速则不达。

　　所以，光想着"快"不行，还要懂得"韧"。什么是"韧"？所谓韧就是刚柔相济。遇到礁石和险滩,要放慢脚步,一方面养精蓄锐,一方面审时度势。这样,找到契机的时候才有力气跃过去,所以,在提问者的两句话后面,还要加上一句"韧鱼吃躁鱼"。

销售是一把剑，服务是一张网

求解：

我们公司的产品没有太大的优势，想把销售和服务打造成核心竞争力，应当注意什么？

点睛：

销售是一把剑，贵在锋利；服务是一张网，贵在周密。

做企业的人都知道：销售很重要。有人说"做好销售就成功了一半"，那成功的另外一半是什么呢？我想是服务。如果销售是一把剑，那么服务就应该是一张网。

剑是用来进攻的，必须锋利，做销售的价值在于突破。绝大多数公司都有自己的销售团队，大到世界著名公司，小到不知名的淘宝小店。团队强弱不同，公司绩效就大相径庭。好比手中宝剑不同，威力也有天壤之别一样。别人的剑削铁如泥，吹毛断发，你的却是一把生锈了的金属片，试问，你何以争锋？

网是用来防守的，不能有漏洞，做服务的价值在于周到。那么，搞定了客户，是不是就行了呢？显然不是。"服务不周到，不是鱼死了，就是网破了"，服务之网织得严密，才能不怕木马病毒袭击，企业系统才会相对安全。

用好销售和服务这两把刷子，面子、银子什么的不都会跟着来吗？

只有共赢才是真赢

求解：

与人合作，通常都是宁肯自己吃亏，也不让别人让利。连老婆都说我不是个生意人，我也有点怀疑自己了。您怎么看？

点睛：

赢有真假，利有长短。共赢才是真赢，互利才是长利。

有的人做生意总是"砂锅捣蒜——一锤子买卖"，跟他合作的人只能亏，没得赚，最后就成为商场上的"孤家寡人"，再也没有人愿意与他合作了。这也难怪，就你一个人赢，大家都输，谁还愿意跟你玩游戏？

大家一起赢才是真赢，大家互利才是长利。为什么企业家愿意和李嘉诚玩游戏？因为他有一个共赢法则——9/10/11法则。合作分利的时候，李嘉诚本应该拿10万，如果他要拿11万，别人也没话说，但是他只拿9万。让出1万干什么？共赢啊——你有钱赚，我维护招牌。维护招牌到什么程度呢？他什么也不多说，做生意甚至都不用拿本钱了。

俗话说得好,"独乐乐不如众乐乐。"一个人赢有什么意思?大家一起赢那才痛快!何况给别人赚钱的机会,你赢得的可不仅仅是真金白银,还有热乎乎的人心!

基层的失败就是中层的失职

求解：

一位培训师讲，基层员工总是做错事，一定是因为他们没有找对方法。您怎么看？

点睛：

到基层的失败背后看看，你会看到中层的失职、高层的失察。

说到基层的失败，我们往往想到的是执行不力。是不是真的是这样呢？我看未必。

团队运作就像是出海行船，在船底下烧锅炉的基层工人往往出不了什么大错。为啥还是会翻船呢？你去中层看看，肯定有人不干实事，应该"掌舵"的人却在打瞌睡、嗑瓜子儿……怎能不"翻船"？

我们仅仅看到了中层的失职还是不够的，应该再去高层看看：要么跷着二郎腿高谈阔论，想象着美好的未来，却没有人去监督，去考察；要么急功近利，让员工超负荷工作……这也得"翻船"吧。

所以，归根结底，基层出了问题，实质上是中层、高层出了问题。换言之，执行力有问题，根本上是领导力有问题。

让结果说话，那就晚了

求解：

我们常听见有人说，让结果说话。可是这样做加大了对结果的考核，结果往往让人大失所望。这是怎么回事？

点睛：

急功近利是管理的流行病，重结果不重原因，"欲速则不达"。其实等到结果说话时，一切都晚了。别迷信什么让结果说话。要让原因说话，那叫"有话在先"。

"重结果不重原因"是很多人的通病，这在管理中也相当盛行，经常被企业家挂在嘴边的一句话——"让结果说话"，正是此例。

成王败寇的历史经验让他们过于迷信结果，从而忽略了导致这一切成败的初始原因和过程，而现代管理理念中的"让数据说话"，简直就是支持结果高于一切的最佳双生拍档。

实际上，结果是一个后置性指标，若是等着结果说话，那一切都晚了，木已成舟，何以回天？但是原因就不一样了，那是前置性指标，有很强的预见作用。万物知其源，方可知其往，凡事你知其然的同时，更能知其所以然，就可以很好地趋利就势。至于各种弊病危害，也能及时规避解决，结果自然也就能遂人愿。

所以，要"有话在先"，别让结果说太多，得时机者得天下，有效的预见是成功的保障，知因方可得果。

痛则不通，通则不痛

求解：

看了你的书，我发现我的企业问题很多，该从哪里抓起呢？

点睛：

企业有百病，关键是"通"病。正如中医所说的：痛则不通，通则不痛。

人要健康，经脉就要通畅。《黄帝内经》有言："百病源于经络堵。"为什么这样说？因为人体的经脉不畅就会影响气血运行及营养的输入，气血不足，营养不良则易生百病。

同样的道理，企业有百病，也是由于"经脉"不通。如何治百病，关键是"通"病。中医里边说："痛则不通，通则不痛"，自上而下地沟通，自下而上地沟通，各部门之间横向沟通，企业的任督二脉一开，利润自然会来。

正所谓，打通企业经脉，烂摊子也能变成金锭子。

你有千条妙计，我有一定之规

求解：

我看了许多成功者的格言，有些人说要常变常新，有些人说要始终如一。到底是该求变，还是以不变应万变呢？

点睛：

多变者的生存模式像狐狸，有千条妙计；不变者的生存模式像刺猬，有一定之规。

英国的思想家伯林在他的《刺猬与狐狸》一书中讲道：这世界上的生存有两种状态，优秀的人分布在这两种状态中的。一种是狐狸的生存状态，这种人特别灵，总是千方百计地去解决问题。你有什么问题，他就有什么对策，见招拆招是他的长项。另外一种是刺猬的生存状态，他只坚持一招，那就是缩成一个球，一个浑身是刺的球，并且屡试不爽。

选择什么样的模式，要看你是什么样的人。如果你是个喜欢动的人，最适合选择的生存模式就是狐狸型——千方百计地解决难题。而如果你是一个喜欢静的人，最适合选择刺猬型的生存模式——有着一定之规。比方说李嘉诚，他没有千条妙计，只有一定之规。你看看他给孩子的十条忠告就会发现，这些年来，他并没有多少变化，他的奥秘就是将这一定之规运用得恰到好处。

在企业的成长过程中，通常的情况是：早期以变应变，折腾得厉害；后期以不变应万变。而不变才是变的最高境界，因为这种模式是低消耗、高成效。

所谓理论家和实践家

求解：

为什么很多有学问的人成不了事？很多没有学问的人却发了财？您说理论家和实践家有什么不同呢？

点睛：

所谓理论家，就是研究了 100 种吃法，到了饭桌上，饭菜早就被人吃光了的人；所谓实践家，就是不管吃法如何，先吃到肚子里再说的人。

现实中有这么一些现象：杰出的企业家、政治家里边很少有高考状元；常常是没有读过 MBA 的人正在管理一群读过 MBA 的人；一些初中都没毕业的"逃学大王"，反倒成了超级富翁……

有人调侃说，果真是"知识改变命运"啊！其实，不论是高考状元，还是"逃学大王"，他们成功与否，都离不开一个根本性的原则，那就是理论＋实践。高考状元和"逃学大王"，就像理论家和实践家。

所谓理论家，就是研究了 100 种吃法，到了饭桌上，饭菜早就被人吃光了的人；所谓实践家，就是不管吃法如何，先吃到肚子里再说的人。所谓不吃可能会饿死,吃了可能会中毒。其实成大事者,都是理论和实践的复合体。

比如领袖级的领导者,一般是六分实践＋四分理论。实践多于理论,吃得好,并且还吃得饱。导师级的领导者,则是六分理论＋四分实践。遇到问题,俨然是"胸中有丘壑",一切了然于心,吃得精细,且营养价值高!

理论＋实践,是每个成大事者必须要遵从的原理,但是我们要记住,低阶的领导者掌握实践,高阶的领导者掌握真理。

企业的"四大金刚"

求解：

在MBA课堂上，老师们各有高论：有人说领袖决定成败，有人说组织决定成败，有人说制度决定成败，有人说文化决定成败，……越听越乱，您能不能给个准确的说法？

点睛：

有领袖不散，有组织不断，有制度不乱，有文化不迷。四者合一，可以生生不息。

在企业里面，领袖、制度、组织、文化究竟是什么关系？如果说制度是肢体，组织是躯干的话，文化就是灵魂，而领袖就是整体操作者。

那么上述这四者又是如何工作的呢？

首先，领袖的主要工作是凝聚。领袖找到目标，追随者找到领袖。这样，领袖召集了一批人，形成了一个团体，领袖的凝聚力保持着这个组织不散。

其次，组织的主要作用是整合。由领袖凝聚而来的这批人并不一定是个最佳组合，良莠不齐的情况很常见，这就需要整合资源，实现配置的最优化。

再次就是制度。有了制度，企业就会规范起来，各项动作会井然有序，一切都有章可循，这样才能不乱。

最后是文化。有文化的企业才是有灵魂的企业，这是精神层面上的一种构建，没有文化的企业如同行尸走肉，没有方向感。

上述这四者结合起来叫作有领袖不散，有组织不断，有制度不乱，有文化不迷。四者相互配合，各自运作，形成了一个有机的企业生命体系。

判断企业健康与否的两个要点

求解：

一位讲商业模式课程的老师讲，利润就是公司的血脉，公司健康的标志是具有非常强大的赢利能力。这个说法对吗？

点睛：

一个非常赢利的公司不一定是健康的公司，我们要看它的利润来源在哪里，更要看它的利润分配到了哪里。

我分析过很多这样的公司：产品优秀，利润颇丰。可是有两大遗憾：留不住客户，员工流动性太大。由此我们可以看到：一个非常赢利的公司不一定是健康的公司。

客户与员工的不稳定性随时随地都会成为威胁企业运行的不定时炸弹。判断一个赢利的公司是不是健康的，有两点非常重要：第一，看它的利润来源在哪里。利润来源于客户满意而非涨价才靠谱，因为客户满意才能留得住客户，有稳定的客户源，就相当于有钱袋在手。而靠涨价来获得利润，往往会失去"民心"，失民心者失天下，没了民心，随之而来的就会是"起义"。第二，看它的利润分配到了哪里。只进不出，俨然抠门的"铁公鸡"，此等小气本身就是一种病态。那么，如何分配企业利润呢？简单点说，不要把利润全部装进自己的口袋，拿点出来做回馈：近一点说，回馈客户、回馈员工；远一点说，回馈国家、回馈社会。只有分配与贡献均衡的利益才能长久。

就好比人体所需的营养，营养的摄入与吸收要均衡才不易生病，否则要么就会营养不良，要么就会营养过剩了。

培训是一种高风险投资

求解：

我们经常看到有人引用摩托罗拉的观点："培训每投入1美元，就有30美元的回报。"我们在培训方面也花了不少钱，可怎么没有看到什么效果呢？

点睛：

培训是一种高回报的投资，更是一种高风险的投资。现有的培训，50%是纸上谈兵，30%是胡说八道，20%是有道有效。

经常有人在接受培训之后对工作充满了激情，然而这种激情却持续不了几天。为什么？原因很简单，因为他们接受的培训基本上是"无效培训"。

事实上，培训是一种高回报的投资，但也是一种高风险的投资。经过调查与分析，现有的培训，50%是纸上谈兵，30%是胡说八道，20%是有道有效。很多培训师在给别人培训之前并没有将自己的理论付诸实践，没有任何领兵布阵的实战经验，却对别人指手画脚，这就是标准的纸上谈兵。更有甚者，有的培训师没有真材实料，培训时讲得天马行空、天花乱坠、故作高深，愣是把听课的一群人说得云里雾里，丈二和尚摸不着头脑。这就是典型的胡说八道。还有少数的培训师，往往是身经百战，对自己的培训内容、培训对象是经过仔细琢磨的，能够做到因材施教，真正解决问题。这样的培训才是有道有效。

而关于培训，有人经常引用摩托罗拉的观点："培训每投入1美元，就有30美元的回报。"——摩托罗拉才没有那么蠢，谁信这话谁蠢！大多数真实故事是：在培训上投入30美元，都没有1美元回报。所以敬告各位，在培训之前，要擦亮眼睛，找到那20%的有道有效的培训师，那才会有真正的高回报！

要画饼，更要充饥

求解：

最近听了一位企业家的分享，他说人的最大动力就是心中的梦想。让人拼命，就要造梦，我听着感觉有点不靠谱。您觉得他说的对吗？

点睛：

初始的动力可以来自梦想，持续的动力必须来自现实。画饼之后没有真饼，总让人饿着肚子做梦，那不是造梦而是谋财害命。

有的领导者很会说梦，但是就是不能让梦实现。只给员工画饼，却总不能让他们得到饼，把他们都"饿死了"，那不叫当领导，那是行骗和谋杀。

我们不管做什么事情，动力很重要。给员工说梦，会让他们有初始动力，但是初始动力仅能起到发动的作用，想要持续，必须要有成果。马云当年到处"说梦"，吸引了一批愿意和他一起做梦的人组成了阿里巴巴团队。试想，如果马云到现在还没成功，这个团队还会存在吗？答案是"不存在"！在社会发展速度如此之快的大背景下，十几年都没有一点收获，如果你还坚持这个梦的话，那就不叫坚持，叫固执了。

就像学习一样，十二年寒窗苦读，只为一朝高考。上大学就是学生的梦，是学生的初始动力。但是如果天天勤奋刻苦，成绩依然平平，每次考试都很难及格，想必这个学生是坚持不下去的。没有持续的动力，没有动力的支撑，这个学生随时有可能"抛锚"。

所以，当领导的，画饼充饥、望梅止渴的事，做个一两次就适可而止吧。什么叫自欺欺人？大伙迟早都会懂！

传承靠制度，企业才靠谱

求解：

我奋斗了二十多年，现在孩子们也已经长大成人了，我想把企业传给他们，请问该怎样交接班才好呢？

点睛：

企业传承别只想到传给什么人，制度才是最好的传人。选到一个好人，也只能传承一代；制定了伟大的制度，才可以代代相传。

有数据显示，在家族企业比较成熟的美国，家族企业的平均寿命也只有24年。30%的企业家族可以传到第二代，13%的企业家族能够传到第三代。然而，在美国创业的成功率是33%。这个数据告诉我们，企业传承跟白手起家创业相比起来并没有多少优势。

为什么会出现这种情况？经过研究不难发现，传承的纽带很重要。很多企业直接是"世袭制"，子承父业。可偏偏"太子"从小就被众星捧月般地娇惯，根本无法顺利传承。于是一批优秀企业就消失了。如果非常幸运，你选择的"太子"有能力，那么恭喜你，你的企业又可以传承一代了。但是我想，不会每一代都这么幸运的。

那么如何让你的企业能够代代相传呢?

我认为,说难不难,说易不易,那就是先制定伟大的制度。你留下来的,不应该仅仅是一大笔财富,也不该只是选定一个传承人,还必须得有一套文化和制度。家财万贯不如一本"家书"。任正非的华为基本法、张瑞敏的海尔管理模式……这些制度化的东西,才是企业能够代代相传的筹码。

人生的四种选择

求解：

都说人生有多种选择，我看无非是在输赢之间选择，而且赢了总比输了要好，您说对吗？

点睛：

你可以选择的四种人生。一是辉煌的人生：赢了，而且赢得漂亮；二是无悔的人生：输了，但是输得漂亮；三是遗憾的人生：赢了，但是赢得丑陋；四是悲惨的人生：输了，而且输得丑陋。

如果把人生当作一场竞技，那么就必定有输有赢。赢得光明漂亮，那叫辉煌；输得坦荡大气，那也无悔；赢得卑微潦倒，多少会存点遗憾；输得猥琐丑陋，就真的是悲惨了。

输和赢，也许不能完全由你选择，但是你最起码可以选择输赢的方式，或者姿态。

夫君子，先以立德，后以成事。要么赢得漂亮，要么输得坦然。若是赢了世界输了自己，未免无趣，甚至孤寂可怜。若凄凄惨惨苦心经营，抛弃了人格和道德，最后还是一无所获，那就是一个字——"该"。

"不想当将军的士兵不是好士兵",没有谁天生热衷于求输,不想赢的人生多少会有点了无生趣。赢的方式有许多种,但是赢的状态只有一种,那就是进取。若要成就辉煌,必知有所为有所不为,不然虽胜犹耻,倒有点因小失大了。再者,输了自己,赢来的人生也必不完整。

上述四种人生,你是可以选择的,关键是看你想选哪一种。

商海航行五要素

求解:

在商海里折腾,吃了不少亏,遭了不少罪。我看沉浮都是运气,没有什么规律,这想法对吗?

点睛:

商海航行五要素:企业是船,客户是水,品牌是帆,机会是风,而领袖就是舵手。高手可以做到不管是顺水还是逆水,都为其载舟而不覆舟,不管是东南风还是西北风,都是有利的风。

商场如海,深浅难测,企业则如百舸,沉浮未知。作为舵手,领导者如何把握和协调好客户之水、品牌之帆与机遇之风,以争流千里,至关重要。

品牌,不管顺逆如何,都是一个直接受力点,成与败,受影响最大的都是它。

有人说"逆水行舟,不进则退",其实未必,古亦有"以退为进"之训,厚积方可薄发。真正优秀的舵手,都有这样一个共同点,无论水之顺逆，都可保船之安稳，企业亦然。卓越的领导者，不仅善借客户之誉，也能妥善应对客户之贬，最终皆为其所用。

　　机遇却如风，不可触碰视听，同时也是把双刃剑，利弊相依。顺势而行，自然事半功倍，但需预防过犹不及。若在逆境，能否化危机为转机，是一位领导者是否优秀的衡量标准。管它东南西北风，皆可应对自如，方为大观。

专业是人为的知识壁垒

求解：

市场营销做得不错，但是总也解决不了人才流失的问题，有人建议我请人力资源专家来解决。这么做对不对呢？

点睛：

企业问题是系统问题。所谓专业，通常是人为的知识壁垒。所谓专家，通常是那些只见树木，不见森林的人。

遇到问题，我们首先想到的是找专家，因为他们专业。可专业又是怎么划分出来的呢？

经济学家够专业了吧？可是他们通常找不到经济危机的原因。后来彼得·德鲁克解开了这个谜：经济危机的原因不在经济，而在于人性的贪婪。你看，超出了特定领域，专家就成了外行。

很明显，股市专家预测不好股市，同样，如果没有其他领域里的知识，专家也做不好自己的"本专业"工作。只懂得人力资源的人，做不好人力资源工作；只懂得销售的人，做不好销售工作。因为他们都会犯一个错误：只见树木，不见森林。就拿销售来说，一个专家会给销售人员许多建议，打广告、做促销、抓客户……销售人员学会了这些之后，却又纷纷跳槽了。他们不认同老板，同事关系也非常紧张。那么这是销售问题、人力资源问题，还是文化问题呢？

专而不通，这是许多专家的通病。所以才出了那么多"细节决定成败""态度决定成败"的谬论。因为企业问题不是一个点，也不是一条线，而是一张立体的网，解决问题需要又专又通。

成功人格八见识

求解：

有人说成功的人都有激情，有人说成功的人都有自信。您能不能总结一下什么是成功的人格？

点睛：

成功人格八见识：有一种仁慈叫宽恕，有一种风度叫包容，有一种愚蠢叫自恋，有一种毒药叫成功，有一种智慧叫反省，有一种福报叫吃亏，有一种境界叫放下，有一种动力叫激情。

成功的领导者，首先必须是一个成功的人，然而成功人士却不是那么好当的。世上美德有许多种，在此我取其八种，领导朋友们可以测一测。

有一种仁慈叫宽恕。不是每一个错误、每一笔损失都要有人受罚，铁血将军领导的士兵往往会缺少人情味。

有一种风度叫包容。不是每一个意见、每一次反对都要去否定，有风度，你在众人眼里才更有力度。

有一种愚蠢叫自恋。不是你的每一个决策都很完美，太过自恋就会成了自负。

有一种毒药叫成功。有一种失败者叫"成功的失败者",为什么这么说呢?是因为他们中了成功的毒!成功的酒喝起来像是琼浆玉露,实则是致命毒药。

有一种智慧叫反省。有一种失败叫作"重蹈覆辙",不知反省,从哪里爬起来,还会在哪里摔倒。

有一种福报叫吃亏。如果每一次合作都是你赚他赔,相信不久之后就会轮到你吃亏了。做人不必斤斤计较,你吃点亏,看上去少赚了一点银子,实际却能赚到更多的"金子"。

有一种境界叫放下。有一种失败叫执着,适当放手,才是高手。

有一种动力叫激情。如果你每一天都想当"懒羊羊",那么你哪天不小心被抓了,就别怪灰太狼。没有激情,上帝都会放弃你。

上述成功人格的八种见识,你有几种?

高度不等于难度

求解：

有时候感到决策难，有时候感到行动难。到底是决策的难度大还是行动的难度大？

点睛：

从决策到行动，是一个高度降低、难度加大的过程。做出一个正确的决策，高度是1000，难度是100；让人们认同一个决策，高度是500，难度是500；而让正确的决策变成结果，高度是100，难度是1000。

有许多人不理解，为什么决策分明是正确的，到最后执行的结果却不尽如人意？于是就有人跟着感叹"理想很丰满，现实很骨感"。

感叹归感叹，这个问题总得解决，我们如何解决？不妨先来画张函数图：以高度为y轴，难度为x轴，联结各对应点，我们可以得到一条曲线。这将会是怎样一条曲线呢？仔细分析一下从决策到执行的过程，你会发现这条曲线会经过三个点A（100，1000）、B（500，500）、C（1000，100）。这代表了什么？很明显：从决策到行动，是一个高度降低、难度加大的过程。做出一个正确的决策，高度是 1000，难度是 100；让人们认同一个决策，高度是 500，难度是 500；让正确的决策变成结果，高度是 100，难度是 1000。

这张函数图大家都看得懂，只是为什么会呈现出这种现象呢？原因也很简单。一个抽象的决策，要演变为具体的结果，会遇到各种阻碍：高层监督不到位，基层认识不到位，客户配合不到位……都会加大执行的难度。

所以，如何解决这个问题呢？高层、基层、客户，以及决策的正确性，"三位一体"，三者一起抓，才能使得执行的难度越来越低。

不怕得不到，就怕学不到

求解：

与各种各样的人打交道，有时候得到很多，有时候失去很多。怎样才能让损失减少到最小呢？

点睛：

与人打交道，最怕的不是得不到，而是学不到。一个具有领导潜质的人，不是得到就是学到。

许多老板都有这样的困扰：我辛辛苦苦培养出来的人才，逮到了好机会就会弃我而去。老板们觉得损失惨重，下次招聘人才的时候，一看到跳槽频繁的"职场蚂蚱"就敬而远之。

其实老板们要摆正自己的心态。为什么你辛辛苦苦培养的好苗子会弃你而去？你除了损失惨重之外就没得到别的什么吗？有些老板头摇得跟个拨浪鼓似的"没有！"非也，你得到了一个学习、反省的机会：改进人才机制。你对他好他还要走，说明还是对他不够好。留住人才，除了要在物质上留住，还要在精神上留住。两样都做得好，你赶他走他都不想走！

一个具有领导潜质的人,往往更注重学到而不是得到。得到是短暂的,学到才是长久的。比如,你做了一件事情,一无所获;交了一个朋友,一无所获。表面上确实是没有得到什么,但是,正是这种一无所获,甚至是损失惨重的时候,通常可以积累更多的经验和教训,而这些,才是最大的得到。

企业需要安好"罚门"

求解：

企业制度没少制定，但真正能执行的不多。怎样做才能不让这些制度流于形式呢？

点睛：

有规范，无奖罚，好比有水管而没阀门。企业必须要安好"罚门"。

做企业的人都知道，一套完整的企业规章制度，要包括奖惩制度。可是这些制度根本没有付诸实施，而是扔在档案室里，估计都落了几层灰了。而有规范，无奖惩，就好比有水管而没阀门。水都哗哗流走了，却无能为力。

所以，企业必须要安好"罚门"。如何安好"罚门"？首先要检查之前的"罚门"为什么不管用。

假如有相关的连带惩罚制度就不一样了。员工犯错，相关领导也负有相应的责任。有了这层连带关系，就相当于有了随时监督员。

总之，奖惩制度很重要，是维系企业安危的重要砝码。奖惩制度不完善，就像没有防盗门，一个不注意，就会后悔莫及了。

业绩决定强盛，制度决定长盛

求解：

我的企业中，最能创造业绩的人往往又是最靠不住的人，这是为什么？

点睛：

一个英雄创造无数的业绩，一套制度创造无数个英雄。业绩决定强盛，制度决定长盛。

现实中通常会出现这样一种情况：企业里最能创造业绩的英雄人物往往留不住。而企业要发展，又必须靠业绩英雄。老板们苦恼了。

其实一个英雄可以创造无数业绩，一套制度却能创造无数个英雄。业绩决定强盛，制度决定长盛。就拿西楚霸王项羽和汉高祖刘邦来说，人才毫无疑问是决定他们成败的一个重要因素。项羽是如何对待人才的？"非诸项即妻之昆弟，虽有奇士不能用。"刘邦又是如何对待人才的？"安得猛士兮守四方。"正因如此，项羽的一些大将，比如韩信、陈平纷纷离楚入汉。没了这些英雄创造业绩，项羽拿什么来拯救西楚呢？而刘邦，因为有容纳人才的制度，吸引了一大批英雄为他"守四方"。

治国如此，治企也一样。仅靠英雄生存的企业，一旦没了英雄，就没了企业。类似这样的教训还少吗？柳传志著名的管理三要素，即搭班子、定战略、带队伍，也是把人放在第一位。结果和倪光南、孙宏斌反目成仇。得到血的教训之后，才一声叹息：看来人没有制度靠谱啊！

在此，思卓帮你总结一下领导统驭五要素：定规矩、搭班子、定战略、带队伍、聚人心。